日本比較法研究所翻訳叢書
70

# 中東欧地域における
# 私法の根源と近年の変革

奥田　安弘／マルティン・シャウアー 編

奥田　安弘 訳

Geschichtliche Wurzeln und Reformen
in mittel- und osteuropäischen
Privatrechtsordnungen

Herausgegeben von
Yasuhiro Okuda / Martin Schauer

中央大学出版部

装幀　道吉　剛

訳者はしがき

　本書は、*Yasuhiro Okuda/Martin Schauer* (Hrsg.), Geschichtliche Wurzeln und Reformen in mittel- und osteuropäischen Privatrechtsordnungen, MANZ'sche Wien, 2014 を翻訳したものである。
　わが国では、英米独仏といった主要国の法については、多数の研究書および翻訳書が出版されているが、中東欧諸国の法の研究は、相対的に少ない。西欧法の伝統を受け継ぎ、大部分の国は、社会主義法の歴史があるが、ソ連邦崩壊後は、再び西欧法に回帰し、特に最近は、EU 加盟を済ませたり、将来の加盟に向けて、ますます西欧法に近くなったという印象があるかもしれない。しかし、それは、日本法が欧米諸国の法と同じであるという位に間違った印象である。
　中東欧諸国の法は、もともと独自の文化を有しており、一時期は、社会主義法圏に編入されたが、その間も、独自の文化を完全に捨て去ったわけではない。現在は、EU 加盟のために EU 法の受容が進められているが、それと同時に法体系全体のバランスや伝統的な法文化との関係について、それぞれの国が独自の工夫をこらしている。これらの事実を紹介することは、わが国の法学研究への貢献および中東欧諸国との学術交流にとって、大きな意義があると思われる。
　本書は、もともと翻訳書の計画が先にあったが、すべての原文が公表されているわけではなかったので、シャウアー教授の尽力により、ウィーンのマンツ社に出版を引き受けてもらった。奥田は、本来の専門が国際私法であるうえ、テーマからみても、編者に相応しくないと考えたが、本書の発案者であり、かつ原稿の依頼や点検などの作業に従事したので、編者の一人として名前を出すことにした。その他の経緯については、「原著編者はしがき」を参照して頂きたい。
　なお、翻訳にあたっては、原文のスタイルが筆者によって多様であることを考慮し、訳文のスタイルや訳語の選定について、臨機応変に対応したことをご

了承頂きたい。また文献の引用において、英独仏の原語は、そのまま残したが、その他の言語については、書名（論文タイトル）の日本語訳を付した。

　最後に、本書の編集作業については、小島啓二さんおよび関口夏絵さんのお世話になった。ここに記して、御礼申し上げたい。

2014年7月

奥　田　安　弘

## 原著編者はしがき

　中東欧は、正確に定義できる概念ではない。本書は、北欧および西欧を除く幾つかの国の法を対象とする。これらの国々の一部は、アジアと国境を接するが、すべて欧州評議会の構成国である。一部は、すでに欧州連合の構成国にもなっているし、他の国も、遅かれ早かれそうなる可能性がある。

　法律的な観点から見れば、これらの国々には、共通点がある。ハンガリーおよびクロアチアは、まずオーストリア一般民法典の強い影響を受け、その後は社会主義法圏に属したという過去がある。後者の点は、ブルガリアおよびグルジアにも当てはまる。すべての国は、どの程度に法を欧州化すべきであるのか、どの程度に自国の伝統的な法を維持すべきであるのか、どの程度に民法の法典化を進めるべきであるのか、どの程度に現代的な問題を様々な特別法によって解決すべきであるのか、という課題に直面している。ハンガリー、クロアチア、オーストリアの著者は、これらの課題を包括的に論じている。グルジア、トルコ、ブルガリアの著者は、どちらかといえば別の側面、すなわち、19世紀以前の法史、スイス民法の継受、非占有担保権の比較法的考察に特化している。さらに、日本の著者は、日本における東欧法研究を概観する。すべての論文は、主に私法を取り上げるが、必要に応じて、他の法分野にも言及している。

　本書のきっかけは、編者の奥田安弘がハンブルクのマックス・プランク外国私法国際私法研究所に客員として滞在していた頃に、これらの欧州の著者たちと知り合ったことにある。奥田は、同僚の伊藤知義教授と一緒に、ヴェーカーシュ教授、ヨシポヴィッチ教授、シャウアー教授、ツェルツヴァーゼ教授の東京講演を企画した。これらの講演会の原稿が、本書に収録された原稿の元になっている。バイサル教授およびコザロヴァ氏は、後から本書の企画に加わった。さらに本書は、日本と関係の深い企画であったので、伊藤教授の推薦により、奥田が渋谷教授に原稿を依頼した。編者両名は、これらの著者全員に対し、素晴らしい原稿の御礼を申し上げるとともに、ウィーン大学のセバスティアン・

ライター助手に対しては、綿密な編集作業の手伝い、また出版社のマンツに対しては、本書の出版を引き受けて頂いたことに厚く御礼申し上げたい。

2014年3月　東京　ウィーン

奥　田　安　弘
マルティン・シャウアー

目　　次

訳者はしがき

原著編者はしがき

編著者紹介

遅れてきた私法法典化――新しいハンガリー民法典――
　　　　　　　　　　　　　　　　ラヨシュ・ヴェーカーシュ　1
　　　　*Lajos Vékás*
　　　　Erfahrungen mit einer verspäteten Privatrechtskodifikation : das neue ungarische Zivilgesetzbuch

オーストリア一般民法典 200 年――古い立法との共生――
　　　　　　　　　　　　　　　　マルティン・シャウアー　25
　　　　*Martin Schauer*
　　　　200 Jahre ABGB – vom Leben mit einer alten Kodifikation

EU 法の諸原則と国内私法の発展
　　――2013 年 7 月 1 日に 28 番目の加盟国となったクロアチア――
　　　　　　　　　　　　　　　　タチアナ・ヨシポヴィッチ　49
　　　　*Tatjana Josipović*
　　　　Grundsätze des Europarechts und Entwicklung des nationalen Privatrechts : Erfahrungen von Kroatien als dem 28. Mitgliedstaat seit 1. 7. 2013

## 19世紀以前のグルジア法の歴史

ギオルギ・ツェルツヴァーゼ　79

*Giorgi Tsertsvadze*
Geschichte des Georgischen Rechts bis zum XIX. Jahrhundert


## 1926年以降のトルコの近代化における西欧法の継受
　　——特にスイス民法典の継受——

バシャク・バイサル　99

*Başak Baysal*
Die Rezeption des westlichen Rechts im Allgemeinen und des schweizerischen ZGB im Besonderen im Modernisierungsprozess der Türkei nach 1926


## ブルガリア法における非占有担保権
　　——担保権取引に関するモデル法および他の東欧 EU 加盟国法を
　　参考とした体制転換国の動産担保権の形成——

ゲルガーナ・コザロヴァ　113

*Gergana Kozarova*
Besitzlose Pfandrechte im bulgarischen Recht – Neugestaltung des Mobiliarsicherungsrechtes eines Transformationslands unter der Berücksichtigung des Modelgesetzes für Sicherungsgeschäfte und der entsprechenden Regelungen anderer osteuropäischen EU-Länder


## 日本における東欧法研究

渋谷謙次郎　179

*Kenjiro Shibuya*
Die japanische Forschung zum Recht in Osteuropa

## 編著者紹介

■ 編者（姓のアルファベット順）
奥田安弘（中央大学教授）
　Dr. *Yasuhiro Okuda*, Universitätsprofessor an der Universität Chuo, Tokyo

マルティン・シャウアー（ウィーン大学教授）
　Dr. *Martin Schauer*, Universitätsprofessor an der Universität Wien

■ 著者（姓のアルファベット順、編者を除く）
バシャク・バイサル（イスタンブール大学教授）
　Dr. *Başak Baysal*, Associate Professorin an der Universität Istanbul

タチアナ・ヨシポヴィッチ（ザグレブ大学教授）
　Dr. sc. *Tatjana Josipović*, Universitätsprofessorin an der Universität Zagreb

ゲルガーナ・コザロヴァ（ハンブルク大学法学修士）
　*Gergana Kozarova*, LL.M. (Hamburg), M.E.S.

渋谷謙次郎（神戸大学教授）
　*Kenjiro Shibuya*, Universitätsprofessor an der Universität Kobe

ギオルギ・ツェルツヴァーゼ（トビリシ国立大学教授）
　Dr. *Giorgi Tsertsvadze*, Associate Professor an der staatlichen Universität Tiflis

ラヨシュ・ヴェーカーシュ（ブダペスト大学教授）
　Dr. *Lajos Vékás*, Universitätsprofessor an der Universität Budapest

# 遅れてきた私法法典化
―― 新しいハンガリー民法典 ――

ラヨシュ・ヴェーカーシュ[*]

Ⅰ．はじめに――法典化小史
Ⅱ．基本構想上の諸問題
　1．21 世紀における国家レベルの法典化？
　2．改革のモデル？
　3．一元的アプローチ
　4．EU 消費者契約法の体系的編入
Ⅲ．新民法典の構造
Ⅳ．制度的新規性の例
　1．一般的人格権
　2．債務不履行による損害賠償請求権の改正
Ⅴ．おわりに

---

[*] 本稿は、2010 年 4 月 19 日の中央大学講演および比較法雑誌 44 巻 2 号（2010 年）掲載の講演原稿に加筆修正したものである。

## I. はじめに——法典化小史

　ハンガリー議会は、2013 年 2 月 11 日に新しい民法典に関する 2013 年法律第 5 号を可決した。この新民法典は、2014 年 3 月 15 日から施行され、市民および団体相互の法律関係を規律している。

　旧民法典は、1953 年ないし 1959 年という私有財産のほぼ完全な崩壊の時代に制定された[1]。この極めて悪い社会状況において民法典が高い専門性を獲得したのは、その起草者および 20 世紀前半の多数の試案[2]のお陰である。最も早い完全な試案は、1900 年までさかのぼり、日本の民法典の 2 年後であった。

　1990 年代の市場経済再開後における私有財産の全く異なる役割および根本的変革は、法典を多くの点で改正する必要性、あるいはさらに改廃の必要性さえ感じさせ、法典の完全な書き直しを迫るものであった。すでに 100 か所以上の部分改正があり、もはや対処療法的な改正および個々の不備の除去では足りないことを示していた。そこでハンガリー政府は、1998 年 4 月、新しい民法典の制定を決定した。政府によって任命された委員会は、まずワーキング・グループにおける議論に基づき、法典化の基本構想を作成した。そのため総計で 100 以上の報告書が執筆された。委員会は、2002 年早々に、重要な理論上の問題および意見を付した要綱案を専門家へのヒアリングのために提出した。ハン

---

1) ペーター・ランベルク（Peter Lamberg）によるハンガリー民法典のドイツ語訳は、1960 年にブダペストで出版された。Siehe dazu *Gyula Eörsi* (Hrsg.): Das ungarische Zivilgesetzbuch in fünf Studien. Budapest 1963; *Stefan Szaszy:* Das neue Zivilgesetzbuch der ungarischen Volksrepublik. RabelsZ 26 (1961) 553-573.

2) すなわち、1900 年、1913 年〜1915 年、1928 年の試案である。Vgl. dazu *Ernst Heymann:* Das ungarische Privatrecht und der Rechtsausgleich mit Ungarn. Mohr: Tübingen, 1917. また 1928 年の試案については、*Ferenc Komin:* Der heutige Stand der ungarischen privatrechtlichen Kodifikation (Der Entwurf vom Jahre 1928). RabelsZ 7 (1933) 443-449; *Ferenc Ronai:* Die Privatrechtsgesetzgebung Ungarns seit 1925. RabelsZ 14 (1940/41) 536-572.

ガリーの法律家による何か月にもわたる議論の末、要綱の最終案および詳細な規定項目が起草委員会によって採択され、2003 年初頭に 200 頁以上の印刷物として公表された。これらの資料が基礎となり、2006 年末に新法典の試案が（詳細な理由書とともに）法曹界に提示された。専門家の批判に基づき改訂がなされた第二試案は、2008 年 3 月、『ハンガリー新民法典の専門家報告書』というタイトルで出版された[3]。特に非婚パートナーシップおよび同性婚の法的地位をめぐって政治的論争が起きたので、法典の更なる進展は遅れ、ほとんど潰えたかに思えた。しかし、専門家委員会は、2010 年の議会選挙後にやっと作業を再開し、2011 年末に最終案を政府に提出した。政府は、委員会草案を修正することなく議会に提出し、これが実質的な修正なく可決された。

## II. 基本構想上の諸問題

### 1. 21 世紀における国家レベルの法典化？

起草委員会は、最近における法典化作業の主流が全ヨーロッパ・レベルにシフトしていることを認識していた。EU の指令および規則ならびにヨーロッパ契約法原則（PECL）[4]およびそれを発展させた「学問的な」共通参照枠草案（DCFR）[5]の起草を目的としたヨーロッパ民事法研究グループによる詳細な研究、さらに EU の共通ヨーロッパ売買法（CESL）[6]の提案は、明らかにこの方向を

---

3) Siehe dazu *Lajos Vékás*: Über die Expertenvorlage eines neuen Zivilgesetzbuches für Ungarn. ZEuP 17 (2009) 536-563.

4) Principles of European Contract Law, Kluwer Law International: The Hague (Part I-II. 2000: 561 p., Part III. 2003: 291 p.). 第 1 部・第 2 部のドイツ語条文および理由書については、*Christian von Bar/Reinhard Zimmermann* (Hrsg.): Die Grundregeln des Europäischen Vertragsrechts, München, 2002. 条文については、さらに *Schulze/Zimmermann* (Hrsg.): Basistexte zum Europäischen Privatrecht, Baden-Baden, 2002.

5) *Christian von Bar/Eric M. Clive* (eds.): Principles, Definitions and Model Rules of European Private Law – Draft Common Frame of Reference (DCFR), in 6 volumes. Sellier: München 2009, 395 p.

6) Siehe dazu *Reiner Schulze* (Hrsg.): Common European Sales Law (CESL) –

目指している。しかし、私見によれば、ヨーロッパ私法（特に契約法）がいずれの方向（あるいはいずれの複数の方向）に向かっているのかという問題は、今なお答えが出ていない。

1990年代の中東欧諸国における私法の根本的な変革は、国家レベルの新たな法典化作業という問題を投げかけ、早急な答えを求めた。これらの法域は、EUの発展を待つことができなかったし、またそのつもりもなかった。特にバルト三国においては、この作業が急務であった。なぜなら、これらの国は、主権回復の証として、ソ連邦モデルの社会主義的法典と早急に別れを告げたかったからである。エストニアでは、次第に特別法による私法の立法化が進み、暫定的に効力が認められていた1964年6月12日の民法典は、該当規定が失効していった[7]。ラトビアでは、戦前の1937年1月28日の法典が（1990年代および2000年代の修正を経て）再施行され、これに伴って、旧ラトビア・ソビエト共和国時代の民法典は、該当の規定が失効した[8]。リトアニアでは、2000年7月18日、新しい包括的な民法典が制定された[9]。さらに、その他の旧社会主義国でも、法典化作業が実施された[10]。スロベニアでは、エストニアと同様に、民法典の

---

Commentary – Beck-Hart-Nomos: Baden-Baden 2012, 780 p.; sowie die Aufsätze in: ZEuP 20 (2012) 687-939.

[7] Vgl. dazu *Harri Mikk:* Zur Reform des Zivilrechts in Estland, Jahrbuch für Ostrecht 42 (2001), 31-52.

[8] Off. J. 1937, Nr. 5, Pos. 29. 旧法典の再施行は、1992年1月14日の法律「ラトビア共和国の民法典について」（Vedemosti Nr. 4.-.5, Pos. 50 von 1992）によって決定されたが、個々の部分の施行時期は、経過規定を含む特別法によって定められた。たとえば、物権法および相続法は1992年9月1日（1992年7月7日の法律）、債務法は1993年3月1日（1993年3月1日の法律）、親族法は1993年9月1日（1993年5月25日の法律）に施行された。Siehe dazu *Lammich/Ušacka:* Entwicklung des Rechtsystems Lettlands seit der Unabhängigkeitserklärung von 1990. ROW 39 (1995), 65-71 (67).

[9] 2001年7月1日施行。Siehe dazu *Valentinas Mikelenas:* Unification and Harmonisation of Law and the Turn of Millennium: the Lithuanian Experience, Uniform Law Review/Revue de Droit Uniforme V (2000), 243-261.

[10] Siehe dazu *Ginsburgs/Barry/Simons* (eds.): The Revival of Private Law in Central

個々の部分が次第に制定されていった[11]。ルーマニア[12]およびチェコ[13]でも、包括的な新しい法典が制定された。ポーランド[14]およびスロバキア[15]でも、活発な法典化作業が進行中である。以上のように、極めて色とりどりの法典化の華が中東欧地域に咲いたのである。

## 2．改革のモデル？

委員会は、民法典の起草にあたり、新法が行動における法（law in action）を出発点とすることを前提としていた。立法者は、前述の理由から修正が絶対に必要である場合にのみ、判例上形成された私法を修正ないし改正することによって、任務を果たすのが最良である。言い換えれば、新法は、全面改正というような馬鹿げたことをしない。それは、むしろ従来の私法の更新および是正であり、文言および配列上の変更点以外は、単に部分的にのみ実質的な内容の変更をもたらす。

これは、ハンガリーの法典化作業が特定の外国私法をモデルとしなかったことにも関係している。ナポレオン法典、オーストリア一般民法典、ドイツ民法典、スイス民法典などの古い外国法典の内容は、すでに過去の草案ないし

---

and Eastern Europe, The Hague, 1996; *Attila Harmathy:* Zivilgesetzgebung in mittel- und osteuropäischen Staaten, ZEuP 6 (1998), 553-563; *Norbert Horn* (Hrsg.): Die Neugestaltung des Privatrechts in Mittelosteuropa und Osteuropa (Polen, Russland, Tschechien, Ungarn), München, 2002.

11) Siehe dazu *Verica Trstenjak:* Zivilrecht in Slowenien. ZEuP 8 (2000), 77-90.
12) 2009 年法律第 287 号、2009 年 7 月 24 日官報 511 号。
13) 2012 年法律第 89 号、2014 年 1 月 1 日施行。制定経緯については、*Arsène Verny:* Die Entwicklung des Zivilrechts in der Tschechischen Republik, in: *Norbert Horn* (Hrsg.): Die Neugestaltung des Privatrechts in Mittelosteuropa und Osteuropa (Polen, Russland, Tschechien, Ungarn), München, 2002, 89-110.
14) Siehe dazu *Jerzy Poczubut:* Zur Reform des polnischen Zivilrechts, ZEuP 7 (1999), 75-90.
15) Siehe dazu *Ján Lazar:* Kodifikation und Europäisierung des slowakischen Privatrechts, in: *Fischer-Czermak/Hopf/Schauer* (Hrsg.): Das ABGB auf dem Weg in das 3. Jahrtausend. Manz: Wien. 2003, 229-231.

2014年以前の法典に取り入れられていた。もっとも、外国の法典のうち、新しいオランダ民法典は、特に体系およびEU指令の編入について、一定のモデルとしての役割を果たした。

「私的な法創造」も、最近では、重要な役割を果たしている。ユニドロワ原則、ヨーロッパ契約法原則、共通参照枠草案などの比較法な作業に基づくモデル法は、大いに国家の法典化の参考となる。これらは、ハンガリーの法典化作業においても参照された。同様のことは、ウィーン売買条約などの国際条約についても言える。ただし、新法は、それらの成果を慎重かつ有機的に組み入れたのであって、単純に受容したわけではない。

## 3．一元的アプローチ

新法の要綱の作成にあたり、私法の一元的アプローチまたは二元的アプローチのいずれに従うべきであるのか、という問題が改めて議論された。すなわち、商事私法、特に商事契約を民法典の一部として規定するのか、それとも独立の商法典（または最近のオーストリアのように企業法典）[16]において規定するのかという問題である。

ハンガリーは、19世紀には、当時主流であった後者の方法を採用した。すなわち、1875年の商法典（Kereskedelmi Törvény）は、普通ドイツ商法典（ADHGB）に依拠し、時にはその規定を写すことによって、商人概念を形成し、商事会社および商行為を慣習私法から切り離して、独自の商事私法を作り出した。1990年以降の大きな社会変革および市場経済再開後も、同様の立法を要求する法律家がいたことは、驚くことではない[17]。これは、むろん懐古趣味に

---

16) Handelsrechts-Änderungsgesetz (NR: GP XXII RV 1058 AB 1078 S. 122. BR: AB 7388 S. 725.), BGBl., Teil I. - 27. Oktober 2005 - Nr. 120. Siehe dazu *Martin Schauer:* Zur Reform des österreichischen Handelsrechts - Kastners Vorschläge und die heutige Perspektive. GesRZ 2003, 3-8; *derselbe:* Grundzüge der geplanten Handelsrechtsreform. ecolex 2004, 4-8; *derselbe:* Das Sondervertragsrecht der Unternehmer im UGB. JBl 126 (2004), 23-31; *derselbe:* Handelsrechtsreform: Die Neuerungen im Vierten und Fünften Buch. ÖJZ 2006, 64-79.

よるものでもあった。しかし、この見解は、社会主義的な経済法の影響から解放されておらず、1875年商法典の100年にわたる力（ただし、数十年は「眠りの森の美女」であったが）に守られたものであった[18]。さらに、経済生活において重要な契約が全くあるいは不十分にしか規定されておらず、1988年に会社法が民法典とは別に法典化されたという事情もあった。これらの学説によれば、商事契約法は、新法に入れるのではなく、別に法典化すべきであった。さらに、カールステン・シュミット（Karsten Schmidt）の「企業の非私法化（Außenprivatrecht der Unternehmen）」理論の影響もあった[19]。そのため、「企業法典」も提案された[20]。

---

17) So etwa *Péter Bárdos:* A kereskedelmi jog alapjairól〔新商法の諸原則について〕Gazdaság és Jog 4 (1996), 13-17. 商法（企業法）の独自性をめぐる争いは、他のテーマにも関係していた。Siehe dazu *László Kecskés:* A civilisztikai és gazdasági jogalkotás irányairól.〔民法および経済法の法典化の様々な方向性について〕Magyar Jog XXXVIII (1991), 199-204 (202 ff); *Tamás Sárközy:* A társasági törvény felülvizsgálatáról.〔商事会社に関する法律の改正について〕Magyar Jog XXXVIII (1991) 416-418 (417 f). 諸外国の例に基づく反対意見については、*Éva Domján:* A polgári jog és a kereskedelmi jog szerkezetéről.〔私法および商法の構造について〕Magyar Jog XXXVIII (1991), 751-755, sowie *Lajos Vékás:* Szükség van-e kereskedelmi magánjogra?〔商法は別に法典化すべきであるか？〕Magyar Jog XLV (1998) 705-714.
18) 1875年商法典の大部分は、ほとんど形式的とはいえ、社会主義時代にも効力を維持していた。
19) *Karsten Schmidt:* Das HGB und die Gegenwartsaufgaben des Handelsrechts, Heidelberg 1993; *derselbe:* Handelsrecht.⁵ Köln: 1999, § 3, 47 ff. ドイツの学説における反対意見および商法典改正法（HRefG: Gesetz zur Neuregelung des Kaufmanns- und Firmenrechts und zur Änderung anderer handels- und gesellschaftsrechtlicher Vorschriften v. 22. 6. 1998, BGBl. I, 1474-1484.）における立法者の対応については、*Jürgen Treber:* Der Kaufmann als Rechtsbegriff im Handels- und Verbraucherrecht. AcP 199 (1999), S. 525-590.
20) ハンガリーにおける「企業私法」の概念については、*Tamás Sárközy:* A Kereskedelmi Törvény esetleges koncepciója.〔商法典概念の可能性〕Gazdaság és Jog 7 (1999), S. 3-6. 諸外国における反対の立場については、*Domján:* in Fn. 17 und *Vékás:* in Fn. 17.

しかし、ハンガリーの学界における激論の末、一元的な法典化の構想が（商行為の規定を伴った）独自の商法典に打ち勝った。これにより、契約の通則および典型的な商事契約を含む契約法全体が統一的な私法典の規律対象に留まった。このような決定は、歴史的事実[21]だけでなく比較法学説[22]からも支持を得た。

## 4．EU 消費者契約法の体系的編入

ハンガリー私法の改正において、重要な基本構想上の問題の一つは、EU 消費者契約法の体系的取扱いであった[23]。契約法指令は、その不完全さにもかか

---

21) 1881 年のスイス債務法、1940 年～42 年のイタリア民法典、さらに1992 年のオランダ民法典も、一元的アプローチによっている。独立商法の法制史的研究としては、*Peter Raisch:* Die Abgrenzung des Handelsrechts vom Bürgerlichen Recht als Kodifikationsproblem des 19. Jahrhunderts. Encke Verlag: Stuttgart 1962; *derselbe:* Geschichtliche Voraussetzungen, dogmatische Grundlagen und Sinnwandlung des Handelsrechts. Karlsruhe 1965; *Wolfram Müller-Freienfells:* Zur „Selbstständigkeit" des Handelsrechts. Festschrift für Ernst von Caemmerer. München 1978, 583-621. さらに、独立商法典の「全盛時代」にも、1820 年のパルマ・ピアチェンツァ・グアスタッラ公国民法典および1851 年のモーデナ民法典が一元主義によったように、例外があったことは特筆に値する。Vgl. dazu *Gábor Hamza:* Die Entwicklung des Privatrechts auf römischrechtlicher Grundlage unter besonderer Berücksichtigung der Rechtsentwicklung in Deutschland, Österreich, der Schweiz und Ungarn. Budapest 2003, 192.

22) Vgl. dazu *Lajos Vékás:* Integration des östlichen Mitteleuropas im Wege rechtsvergleichender Zivilrechtserneuerung. ZEuP 12 (2004) 454-476 (462 ff.); *derselbe:* Ist eine Konvergenz der nationalen Vertragssysteme erkennbar? Betrachtungen aus der Perspektive der neuen Mitgliedstaaten Mittel- und Osteuropas, in: 4. Europäischer Juristentag (Wien, 3.-5. Mai 2007). Manz: Wien, 2008, S. 67-83 (76 ff.); *derselbe:* Schuldrechtsmodernisierung und Gemeinschaftsprivatrecht aus ungarischer Sicht, in: *Peter Christian Müller-Graff/Lajos Vékás* (Hrsg.): Privatrechtsreform in Deutschland und Ungarn. Nomos: Baden-Baden, 2009, S. 9-28 (17 ff.).

23) EU 契約法の国内法化の理論的諸問題については、*Peter-Christian Müller-Graff:* Kodifikationsgewinn durch Inkorporation des Inhalts von Schuldrechtsrichtlinien der EG in das BGB? In: *Peter-Christian Müller-Graff/Lajos Vékás* (Hrsg.): Privat-

わらず、EU 域内の法統一を促進していた。これらの EU 指令は、ハンガリーを含む新加盟国において、通常は、その加盟以前に法体系に取り入れられていた[24]。その EU 指令の国内法化は、各法分野において、EU 全体の法統一ないし多大の法接近をもたらした。

各加盟国における国内法化の方法に関する従来の経験からは、幾つかの結論を導き出すことが可能であった。この問題は、消費者指令の国内法化の場合に顕著に現れる。従来の国内法化の例は、極めて多様である。ハンガリーの立法者は、消費者指令の国内法化に際して、他の加盟国の立法者たちと同様に、体系的な解決方法として、三つの方法を併用した。すなわち、国内法化は、次のいずれかの方法により行われた。

a）特別法
b）消費者保護法
c）新民法典への編入

これらの方法の長所および短所は、どこにあるのか。

**a**）特別法による国内法化は、たしかに EU 法に由来する規定であることが容易に分かるし、そこから導かれる必然的な帰結（統一的解釈義務、先行判決の義務など）が最も容易に認識できる。しかし、この方法は、私法の分断化をもたらす。それゆえ、この方法は、長らく好まれてきたとはいえ、法典化の体系にとっては、長期的に望ましくない。

**b**）第2は、私法規定である消費者指令を消費者保護法に取り入れる方法で

---

rechtsreform in Deutschland und Ungarn. Nomos: Baden-Baden, 2009, S. 29-60.〔訳注〕ラヨシュ・ベーカーシュ（寺川永訳）「ヨーロッパ消費者保護法とハンガリー私法の法典化」民商法雑誌 144 巻 3 号 331 頁～ 349 頁（2011 年）も参照。

24) Siehe dazu *Norbert Reich:* Wandlungen des Rechts der vertraglichen Schuldverhältnisse in neuen Mitgliedstaaten unter dem Einfluss des EG-Rechts, in: *Gert Brüggemeier* (Hrsg.): Liber Amicorum Eike Schmidt. Heidelberg, 2005, 239-262; *Lajos Vékás/Marian Paschke:* Europäisches Recht im ungarischen Privat- und Wirtschaftsrecht. LIT Verlag: Münster 2004, 544 S.

ある。この方法は、消費者保護の透明性を高めるが、様々な性格の法規定（契約法規定、行政法規定など）を混ぜ合わせることになるとともに、今日の私法の重要分野を民法典から切り離すことになる。

　ｃ）第3は、EU指令をテーマ毎に民法典に編入し、それにより、指令の規定が原則として私法規定であることを強調する方法である。この方法は、私法の一体性に最も適している。しかし、この方法では、消費者保護の透明性を犠牲にする可能性があることも認めざるを得ない。さらに、第二の方法と第三の方法の共通の弱点として、規定の統一的解釈を確保するために、EU法起源であることを何らかの形で明らかにする必要がある。

　民法典への編入の長所は、（たとえば、オランダおよびドイツの立法者と同様に）ハンガリーの立法者も約款指令および消費者売買指令の国内法化に際してうまく活用した。消費者契約法の強行法規性という非私法的性質ならびにその他の内容的および体系的困難があったにもかかわらず、消費者契約における濫用的な約款の規制ならびに消費者売買における瑕疵担保および保証という重要な契約法分野は、特別法に任せるのではなく、このような私法の社会的重要局面を法典自体に明文化することが望まれたのである。ただし、ドイツの債務法現代化法とは異なり、ハンガリーの立法者は、その他の消費者指令における経過的な細目を法典ではなく特別法に取り入れた。

　法典への編入は、一般に知られた法典化の長所以外に、そうでなければ避け難い個々の指令同士の抵触を減らすという付随的な長所もある。たとえば、現在、EU指令やこれを国内法化した法令においてしばしば起きるような、消費者の取消権行使期間の不統一を避けることができる。同様に、EU指令の規定範囲の重複から起きる法適用上の問題も避けることができる[25]。

　EU指令の民法典への編入に際しても、二つの選択肢がある。一つは、消費者契約に限定した編入、すなわち指令の義務的編入である。この選択肢は、法

---

25）　この問題は、EuGH 22. 4. 1999, Rs. C-423/97, Slg. 1999, I-2195 の事案に現れている。この事件では、訪問販売取消指令および隔地的販売指令の事項的適用範囲が重複していた。

典内における当該契約（たとえば売買契約）の規定を倍増するおそれがある。これに対して、義務を超えた編入は、顕著な長所がある。特に指令の国内法化による旧法の現代化の機会を利用することが可能となる。ハンガリーの立法者は、消費者売買指令の国内法化にあたり、この選択肢を利用しようとした。消費者保護規定の強行的性質は、むろん明確にしなければならなかった。また、義務を超えた編入の場合も、統一的解釈というEU法の要請に対する配慮が必要であった。たしかに、統一的解釈の義務は、消費者契約指令の適用についてのみ、国内裁判官を拘束する。しかし、国内私法の一体性は、非消費者契約についても、義務を超えて国内法化された規定の統一的な解釈を望ましいものとする。

　このように考えて、2003年に採択された新民法典の要綱は、EUの民商法指令をできる限り全面的に新しい法典に編入するアプローチをとった。しかし、その後の法典化作業において、様々な理由から、この構想が実現し難いことが分かった。若干のEU指令は、あまりに詳細であり、それゆえ頻繁な修正が予想される規定を置いているので、法典化には馴染まないものであった。さらに大部分の消費者法指令は、私法規定だけでなく公法規定を含んでおり、後者は、民法典に取り入れることができない。それゆえ、ハンガリーの起草委員会は、ドイツの債務法現代化法における「総合的な」編入をモデルとしなかった。代わりに、EU指令を厳選し、できるだけテーマに応じて、新民法典の草案に取り入れ、その他の部分は、消費者保護法に委ねた。これによって、委員会および新民法典は、透明性を犠牲にして、法典化の基本理念を優先させたのである。私見によれば、この決定が正しかったことは、消費者の権利に関する2011年10月25日のEU議会およびEU理事会の2011年指令第83号[26]によるEU消費者私法の新たな発展によって証明されたとみることができる。この指令は、幾つかの従前の消費者指令を修正し、最小限の調整の一部を完全な調整に置き

---

26）　この指令の成立経緯については、*Hans-W. Micklitz/Norbert Reich:* Europäisches Verbraucherrecht – quo vadis? VuR 22 (2007) 121-130; *Norbert Reich:* Von der Minimal- zur Voll- zur „Halbharmonisierung". ZEuP 18 (2010) 7-39. 指令の内容については、ZEuP 20 (2012) 270-304 の詳細な論文参照。

換えた。新民法典は、この指令も考慮したが、幾つかの規定を編入しただけであった。

## III. 新民法典の構造

1. 新法は、内容的に旧法の規定範囲を超えて、私法のできるだけ広い範囲をカバーしようとしている。たとえば、親族法は、社会主義法時代には、私法から除外され、独立の法典に規定されていたが、再び民法典に含められた。また会社法も、法人に関する民法典第3編に編入され、著作権法および特許法など、その他の分野も、新法と密接に関連づけられた。これは、法典化の長所[27]をできるだけ多くの私法分野に及ぼすためである。これらの長所は、すでに古典的な法典により知られており、おおよそ次のようにまとめることができる。

・統一的な原則の貫徹
・方法的な均一性
・通則から特則への統一的な構造
・規定の重複の回避
・準用による規定の圧縮など

規定範囲の拡張は、相互に内容の調和がとれ、かつ法典全体の一般原則に従った各編によって新法を構成する、という成果をもたらした。各編への分担は、統一的な法典の統合の役割を活用するだけでなく、統合されるべき法分野の特

---

27) 私法法典化の長所に関する最近の学説については、*Karsten Schmidt:* Die Zukunft der Kodifikationsidee: Rechtsprechung, Wissenschaft und Gesetzgebung vor den Gesetzeswerken des geltenden Rechts. Heidelberg 1985, 79 S.; *Reinhard Zimmermann:* Codification: history and present significance of an idea (À propos the recodification of private law in the Czech Republic). European Review of Private Law 3 (1995) 95-120.

性を考慮することをも可能とした。むろん（親族法や企業法のような）従来の特別法を単純に（何の脈絡もなく）新民法典の一編に挿入しただけにならないよう、注意を払わなければならなかった。（単なる寄せ集めではない）真の法典の長所は、各法規範がそれぞれに同じ程度の抽象化のレベルで現れる場合にのみ保たれる。たとえば、法律行為に関する規定の場合は、すべての法律行為に関係する規範、契約に関する通則規定の場合は、契約全体に適用されるすべての規範、個々の契約類型に関する規定の場合は、それぞれの契約の相違点などである。たとえば、法律行為に関する例外規定は、親子法ないし夫婦財産契約について設けられた。同様に、遺言は、片面的法律行為として、相続法に特別規定が設けられた。

　2．新法は、ドイツ民法典のような総則を置いていない。総則の抽象性は、ハンガリーの立法者にとって、常に受け入れ難いものであった。すでに最初の包括的な1900年草案でさえも、その他の点では、ドイツ民法典の強い影響のもとにあったが、総則だけは、法典の構造を不必要に複雑にするという理由から拒否した。たとえば、死因処分など、実務で重要な役割を果たす片面的法律行為は、いずれにせよ独自の規定を必要とすることが重視された。その後の草案だけでなく1959年の法典および新民法典も、この見解に同調し、むしろスイス民法典の体系にならった。

　その結果、新法典は、立法の目的ならびに信義誠実および権利濫用の禁止などの諸原則を定めた導入規定だけを置いた（第1編）。そして、この導入規定に続けて、人事法・親族法・物権法・債務法・相続法という各編が設けられた。

　3．第2編および第3編は、人事法を規定し、第2編は、権利の主体としての自然人、第3編は、法人を規定する。第3編は、すべての法人に関する通則規定を置き、社団・人的会社・資本会社・財団を規定する。法人に関する通則規定は、特別法に規定された法人にも一般法として適用される。

　社会主義法のイデオロギーは、親族法関係について、その個人的性質を誇張

し、そのため独立の親族法典に規定していた。新民法典は、戦前の草案が常にそうであったように、法典の中に親族法関係を統合した（第4編）。物権に関する第5編は、所有権および他人の所有物における物権を規定しており、その中には、担保物権も含まれる。

最も詳しい債務関係に関する第6編では、すべての債務関係に関する通則規定が最初に置かれ、これらの規定は、契約債務だけでなく法定債務にも適用される。この第6編第1章には、特に時効規定（ハンガリー法では、所有権に基づく請求権は時効にかからない）ならびに多数当事者間の関係および債務の履行に関する規定が置かれている。契約法の規定は、二つの部分に分かれている。契約の通則規定は、一般法として、各則の典型契約だけでなく非典型契約にも適用される。さらに片面的法律行為ならびに——別段の規定がない限り——親族法上の契約、物権契約および相続法上の契約にも準用される。

第7編は相続法を規定し、第8編は最終規定を置く。経過規定は、特別法において定められている。

## IV. 制度的新規性の例

### 1．一般的人格権

新民法典は、人格権の通則規定により一般的人格権の概念を創造した。ハンガリーの憲法裁判所は、1990年、一般的人格権の本質的な内容を次のとおり定義した。「一般的人格権とは、当該事実関係に具体的な（法律上定められた）基本権のいずれも適用されない場合、憲法裁判所のみならず通常裁判所も、個人の自律性を保護するために依拠できる補足的な基本権である」[28]。新民法典における一般的人格権の通則規定に基づき、裁判所は、あらゆる種類の人格権（法定されているか否かを問わず）を同じように保護することができる。この保護は、将来生じる新たな種類の人格権にも、特別規定を拡張適用することなく、

---

28) Beschluss des Verfassungsgerichts Nr. 8/1990. (IV. 23.), ABH 1990, 42 (44-45).

自動的に及ぶ。それゆえ、一般的人格権は、裁判所の判例によって内容を補い、おそらく永遠に拡大発展していくであろう。

　一般的人格権を侵害する行為は、その動機、故意の有無、その重大性、その結果に応じて、様々に分類かつ評価できる。個々の人格権に関する規定は、新民法典では、単なる例示にすぎない。すなわち、生命、健康および身体的自由の保護を求める権利、差別を受けない権利、信用および名誉に対する権利、プライバシーの保護、氏名権、肖像および肉声の録取からの保護を求める権利、ならびに個人の秘密および情報に対する権利である。これらの規定は、実務において生成し、最もよく登場する人格権を認識させる機能を有する。このような規定の構造によって、新民法典は、人格権侵害に対する制裁が原則として一般人格権に関する通則規定によって確保されることを強調しようとしている。

　ハンガリーの憲法裁判所は、個人の尊厳に対する権利をその他すべての憲法上の基本権の源と評価した。個人の尊厳は、まさに有名・無名のあらゆる私法上の人格権の源でもある。新民法典も、個人の尊厳に対する権利から人格権の保護を導き出した。個人の尊厳は、性質上、自然人のみに帰属し、法人には認められない。それゆえ、新民法典は、人格権の保護を権利の主体としての自然人に関する第2編において規定し、この保護を第3編の準用規定により法人にまで拡大する形をとった。

## 2．債務不履行による損害賠償請求権の改正

### a）　旧法の規定

　1959年の旧民法典は、契約上の損害賠償請求権と契約外の損害賠償請求権を同じ原則で処理しようとした[29]。基本原則は、フランス民法典1382条にならった通則規定であった。それによれば、違法行為、すなわち、契約違反または不法行為があったことが責任の基本要件である。いずれも、加害者に過失が

---

29)　Siehe dazu *Gyula Eörsi:* Die zivilrechtliche Verantwortlichkeit im Ungarischen Zivilgesetzbuch, in: *derselbe* (Hrsg.): Das ungarische Zivilgesetzbuch in fünf Studien. Budapest, 1963, S. 261-318.

あった場合にのみ損害賠償が認められる。しかし、いずれの領域でも、証明責任の転換がなされる。原則として統一的な責任制度は、不法行為法の通則規定および不法行為の損害賠償規則全体を債務不履行に準用する規定によってもたらされた。このような処理は、統一的な時効期間と相まって、契約違反および不法行為という2種類の違法行為の区別を実際上不要にする、という利点があった。

ところが、ハンガリーでも1990年以降の市場経済のもとでは、この統一的な制度をもはや維持することができなくなった。すなわち、双方の責任制度における重要な違いをもはや無視し得なくなった。契約違反の場合は、当事者同士の意図した法律関係があらかじめ存在しているが、不法行為では、それが欠けている。他人と契約を締結する者は、それにより、「他者を害することなかれ（neminem laedere）」という契約外関係の専ら消極的な義務領域から、契約関係の積極的な義務領域へと移行する。それゆえ、損害賠償責任の根拠は、契約違反であるか、それとも契約外の違法行為であるのかによって異なる。不法行為責任の場合は、加害者と被害者の間の債務法関係は、加害行為自体、すなわち、加害を禁止する規範の違反によってのみ生じる。これに対して、契約責任の場合は、すでに損害発生以前から、当事者間の債務法関係、すなわち、当事者相互の権利義務を定めた契約による関係が存在している。債務不履行は、契約違反、すなわち、自発的、意識的かつ熟慮のうえ引き受けた義務の違反という違法行為である。それゆえ、契約違反の損害賠償責任は、常に契約上の義務の引き受けを前提とするが、不法行為責任は、このような前提を欠いている。損害の発生および因果関係というその他の要件については、いずれの責任制度も原則として同じであるか、または極めて類似しているとみることができる。

b）　新民法典における修正

新民法典は、契約責任と不法行為責任の間のこのような根本的相違を二つの観点から考慮する。一方において、契約上の損害賠償責任の場合は、契約に違反した当事者の免責事由を過失主義から切り離して、より厳格にした。他方に

おいて、賠償すべき損害の範囲および逸失利益＝消極的損害（lucrum cessans）は、契約に違反した当事者が契約締結時に予見し得る損害に限定した。これら二つの変更点は、互いに密接に関連している。客観的な免責事由および損害賠償責任の予見可能な損害への限定は、契約当事者間の危険負担における健全な均衡を図っている。これら二つの重要点を除けば、新民法典は、不法行為による損害賠償責任と契約上の損害賠償責任の一体性を引き続き維持している。

　債務不履行の損害賠償責任の案は、免責のルールにおいて、当事者間の公平な危険負担を確保しようとしている。そのためには、過失主義は適切でない。特にビジネス関係においては、責任問題（より正確には危険負担）の決定について、主観的な基準を持ち込むことは、極めて疑問である。過失主義に基づく伝統的な判断は、帰責事由の有無が中心となっており、その結果、個人の人的なミス（行為における秩序違反）を前提とする。しかし、ビジネス関係においては、通常、互いに複雑な相互作用のある多数の要素が関連し、損害をもたらした行為を特定することが困難である。さらに、人的ミスがあったとしても、その意味および重大性を評価することは、疑問である。それに代えて、ビジネスの実行は、必然的に危険の引き受けを意味すると考えるべきである。それゆえ、責任問題の有意義な解決は、個々の行為の事後的な評価によるのではなく、（あらかじめ法律で定められた）活動に伴う危険の分担によって行うべきである。契約違反の損害の分担は、危険負担であり、個人のミスに対する制裁ではない。このような見解は、非職業的契約についても当てはまるから、一般に免責事由を過失主義から切り離すことが正しい。それゆえ、新民法典では、加害者の免責事由は、広く非職業的契約関係についても厳格化された。例外は、無償の法律行為のみである。

　新民法典によれば、当事者は、債務不履行によって正当な取引上の期待が満たされなかった場合、それを理由として損害賠償請求権を取得する。これは、すでに旧民法典のもとでも、ハンガリーの裁判実務が認めるところであり、それゆえ過失主義は、特に企業による契約違反の場合、厳格かつ客観的に解釈されていた。これは、実務的にみれば、不可抗力の場合にのみ、帰責事由の不存

在が認められることを意味した。新民法典は、明文の規定によって、債務不履行の損害賠償責任を過失主義から切り離そうとする。むろん債務不履行の場合も、損害賠償責任は、絶対的ではあり得ないので、契約違反をした当事者には、引き続き免責の余地が認められる。

c) 免責条項の改正

新民法典は、契約上の損害賠償責任の厳格化にあたり、国際的な傾向に従った。特にウィーン売買条約（CISG）79条は、この傾向を示している[30]。新民法典は、この国際的先例に基づいて免責条項を規定し、三つの累積的な要件を設けるとともに、これらの要件すべてについて、契約違反をした当事者に証明責任を負わせた。

債務不履行により生じた損害の責任を免れる第1の要件は、損害の発生原因が債務者の支配の外にあったことである。契約当事者が左右できない原因は、その支配の外にあると言える。このような原因を網羅的に列挙することは、むろん不可能であるが、幾つかの場合分けをすることはできる。たとえば、地震、火災、伝染病、洪水、寒波、高波、強風、雷雨などの自然災害、ならびに戦争、革命、暴動、ストライキ、道路・鉄道・空港の閉鎖などの一定の政治的社会的現象は、支配の外にあると言える。さらに、輸出入の禁止、為替取引の制限、経済制裁、ボイコットなどの国家措置も、これに含まれ得る。急激な物価高騰や異常な通貨下落など、契約の本旨に従った履行を不可能にする重大な取引上の障害および急激な市場の変化も、場合によっては、これに含まれる。これに対して、自社の組織上またはその他の管理上の障害、従業員の行動、商品の調達の困難などは、契約違反の当事者の支配外とは言えない。裁判所は、個別ケースの事情全体の総合的考察により、契約の本旨に従った履行の障害事由が契約当事者の支配の外にあったのか否かを判断しなければならない。

第2の要件は、支配の外にあった事情が契約締結時において客観的に予見で

---

30) ヨーロッパ契約法原則（8の108条1項）、共通参照枠草案（第3編3の104条）、ユニドロワ原則（7の1の7条1項）も参照。

きなかったことである。それゆえ、履行義務を負う契約当事者が契約締結時に、客観的に、すなわち、加害者と同じ立場にある合理的な第三者の観点からみて、（交通の遮断や国家の具体的な措置などの）障害を予見すべきであった場合は、それが支配外の履行障害であったとしても、損害賠償責任を免れさせない。

　免責の第3の要件は、当事者が契約の本旨に従った履行を妨げる事情自体、または少なくともそれによって生じる損害を回避することが期待できなかったことである。この要件も客観的に判断され、当該債務者と同じ状況にある合理的な第三者の観点から見るべきものである。ただし、第2の要件である障害の予見可能性は、新民法典によれば、契約締結時を基準として（ex ante）判断されるが、第3の要件は、契約違反の時点で評価される。

#### d）　予見可能性条項

　新民法典は、契約上の損害賠償責任についても、完全賠償の原則に従う。すなわち、賠償すべき損害は、原則として、履行自体に生じた損害（いわゆる直接損害）だけでなく、債権者のその他の財産に生じた損害（いわゆる後続損害）および逸失利益を含む。契約に違反した当事者は、それによって現実に生じる積極的損害（damnum emergens）を常に予測しなければならない。それゆえ、この点については、完全賠償の原則が無制限に当てはまる。これには、契約違反の結果防止に必要な費用、不履行、履行遅滞または不完全履行による代替品の調達費用、および不完全履行による瑕疵に関係する損害が含まれる。

　免責要件の厳格化（規範的な損害の分配）は、公正かつ規範的な危険負担、すなわち、後続損害および逸失利益の範囲の制限を正当化する。これらの点については、すでに旧民法典の判例において、裁判所が制限を設け、完全賠償の原則に例外を認めてきた。裁判所は、そのために様々な方法を用いた。時には、証明がなされていないとして、（部分的に）損害賠償請求を棄却した。また時には、因果関係の欠如が理由とされた。特に因果関係の連鎖の切断は、しばしば損害賠償額の制限事由として使われた。結局のところ、損害の連鎖は、理論上は、無限の長さとなり、裁判所は、因果関係の連鎖を切断することにより、完

全な損害賠償責任の原則を変えることなく、現実に賠償すべき損害を制限できるのであるから、これは、自明と見ることができる。因果関係の切断による責任制限は、何よりも相当性の理論を用いることにより行われた。ただし、裁判所は、少なからぬケースにおいて、その他の理論的にあまり厳密ではない理由づけ（たとえば、加害行為と損害の間の関係の薄さなど）によっても、契約違反と後続損害ないし逸失利益の間の因果関係を制限した[31]。

新民法典は、契約違反によって生じた後続損害および逸失利益＝消極的損害 (lucrum cessans) の範囲を予見可能性条項によって金額的に制限しようとする[32]。この条項の直接的なモデルは、ウィーン売買条約 (CISG) 74 条であるが、後者も、英米法をはじめとする国家法において採用された理論に由来する[33]。予見可能性条項は、契約から生じた市場リスクなどのリスクを契約当事者間において分配するために定評のある法的手段である。これにより、各当事者は、契約締結の際に、契約違反から生じ得る損害、特に起こり得る消極的損害および後続損害について、相手方に知らせようとするであろう。すなわち、契約当事者が自ら予見するが、まだ相手に知られていない危険を相手に知らせないとしたら、損害は、自己が負担しなければならない。予見可能性による制限は、通常ではなく、むしろ異常であり、予見し得ず、それゆえ計算できない損害の排除を主たる目的とする。契約の通常の結果を本質的に超えた損害のリスクは、このルールによれば、専ら具体的な情報提供によって知らせることができる。相手方は、損害のリスクを知ることにより、契約の締結ないしその条件、すなわち、対価、免責条項の挿入、ないし保険の追加などを現実に決定することができる。予見可能性条項は、同時に、裁判官が契約違反によって生じた逸失利益や後続損害を分配する際に、柔軟な補助手段となる。さらにこの条項は、契

---

31) Siehe dazu *Ádám Fuglinszky:* Mangelfolgeschäden im deutschen und ungarischen Recht. Mohr Siebeck: Tübingen 2007, insb. S. 78 ff., 295 ff., 307 ff.

32) Siehe dazu *Fuglinszky,* vorige Fn., S. 492 ff.

33) ヨーロッパ契約法原則（9 の 503 条）、共通参照枠草案（第 3 編 3 の 703 条）、ユニドロワ原則（7 の 4 の 4 条）も参照。

約法の考え方や市場に対応するビジネス思考によく馴染む。ただし、いずれの当事者も予見できなかった損害のリスクは、新民法典の規定によっても、損害を受けた当事者の負担となることを認識しなければならない。しかし、このような結果は、予見可能性条項の欠陥ではなく、むしろ「所有者が危険を負担する（causus sentit dominus）」という危険負担の一般原則の帰結である。

　予見可能性条項によれば、後続損害および逸失利益の賠償部分は、債務者が契約違反の結果として契約締結時に知っていたか、または知るべきであった事実および事情に基づき予見していたか、または予見すべきであった損失を超えることはできない。それゆえ、このルールは、債務者のリスクを契約締結時に認識し計算できる可能性があった損害に制限する。賠償すべき損害の算定においては、予見可能性の要件は、専ら相手方に生じた損害ないしその範囲に関係するのであって、むろん契約違反の有無自体やその他の責任要件（因果関係および免責の三つの要件）に関係するものではない。仮に予見可能性をこのように拡張したら、賠償すべき損害の範囲だけでなく責任の根拠まで、予見可能性によって左右されてしまうであろう。予見可能性は、専ら契約違反の当事者が免責されない損害の結果に関係する。

　新民法典は、ここでも予見可能性の概念を客観的な意味で用いている。それによれば、予見可能性の要件は、具体的な加害者ではなく、加害者と同一の立場にある合理的な第三者を基準とする。それゆえ、契約違反をした当事者の責任は、実際にその者が予見した損害だけでなく、同じ立場にあり、合理的かつ誠実に行動する者が予見し得たであろう損害にも及ぶ。ただし、事前に知っていたことは、当事者が契約締結時に知っていたか、または知るべきであった事実および事情に基づく場合にのみ考慮される。いずれにせよ、契約違反をした当事者は、それぞれの営業所において通常と思われる損害のすべてを賠償しなければならない。さらに、債権者が契約締結前に債務者に知らせたものすべてがこれに含まれる。それゆえ、具体的な契約に特有の通常でないリスクは、債務者が契約締結時に実際に知っていたか、または知るべきであった場合にのみ、債務者が負担しなければならない。債権者の情報提供義務は、特に契約に隠さ

れた期待、給付の目的、特別の取引状況などに関係する。予見可能性の要件は、契約当事者が予見できるリスクについて、損害額の正確な算定を含めた詳細を知るべきであったことまで意味するわけではない。当事者が契約違反をしたならば、これ位の損害を生じるであろうと認識できたことをもって、必要かつ十分とする。

　新民法典は、ウィーン売買条約（CISG）74 条に関連して渉外的な法実務に生じた不安定を避けるため、加害者が損害の結果および自己の契約違反の程度を認識したこと（または認識すべきであったこと）の証明責任を、被害者が負う旨を明らかにした。すなわち、予見可能性条項は、免責の証明責任を負うという追加的な義務を加害者に負わせない。賠償すべき損害（およびその範囲）は、債務者の責任の基本的な要件であるから、損害の証明責任は、専ら被害者である債権者にある。予見可能性条項の目的を達成するためにも、このような解決が必要とされる。すなわち、債務者が契約締結に伴うリスクの負担について契約締結時に自覚的に立場を決めるためには、あらかじめ相手方（すなわち、債権者であり、将来の被害者）から関連情報を知らせてもらう必要がある。債権者は、情報提供により、債務者が出来る限り詳しくリスクを知って、リスクの負担、それに伴う対価の要求ないしリスクの保険者への転嫁について判断できるようにしなければならない。

　損害の結果およびリスクの予見可能性については、契約締結時が基準となる。この時点でなければ、当事者は、契約の締結ないしそこから生じる具体的な義務について判断することができない。契約締結後に得られた情報は、原則として、当事者がそれに応じた契約の変更をする場合にのみ、債務者の責任に影響し得る。それゆえ、通常は、契約違反の結果が契約締結時に予見できる限りにおいてのみ、債務者は責任を負う。ただし、故意または重大な過失による契約違反があった場合は、事情が異なる[34]。このような場合は、債務者は、契約違反の時点に蓋然性をもって結果が予見できる範囲で、損害の責任を負わなけれ

---

[34]　同様の解決として、ヨーロッパ契約法原則（9 の 503 条）および共通参照枠草案（第 3 編 3 の 703 条）があるが、ユニドロワ原則（7 の 4 の 4 条）は異なる。

ばならないから、契約締結後に得られた情報および事情も考慮しなければならない。

## V. おわりに

　遅れてきた法典化は、災い転じて福となす位の心構えでなければならない。これは、特に最近の発展の成果を取り入れ、他国の法律を参照することを意味する。新民法典によってハンガリーがこれに成功したか否かは、もう少し様子を見なければならない。

# オーストリア一般民法典 200 年
―― 古い立法との共生 ――

マルティン・シャウアー*

I．はじめに
II．一般民法典の歴史
　1．一般民法典の成立
　2．一般民法典の特徴
　3．一般民法典の発展
III．今日の法適用における一般民法典の長所および短所
　1．一般民法典の長所
　2．一般民法典の短所
IV．まとめと展望

---

* 本稿は、2012 年 5 月 14 日に中央大学で行われた講演の原稿に加筆修正したものである。

# I. はじめに

オーストリア私法の法源は、一般民法典（ABGB）である。この法典は、2011年に200周年を祝った[1]。より正確にいえば、一般民法典ではなく、オーストリアの民法学者がこれを祝った。同年には、本当に多数の祝賀行事が催された。オーストリアの多数の法学部が一般民法典の成立日を記念して、シンポジウムを開催した[2]。2011年11月10日には、オーストリア連邦法務省およびオーストリア法学会が主催し、オーストリア連邦大統領の臨席のもとで記念式典が開催され[3]、一般民法典200周年に関する2巻本の記念論文集が献呈された[4]。オーストリア裁判官協会も、年次総会において「一般民法典200周年」

---

1) 一般民法典の正確な「誕生日」は、定まっていない。一般民法典は、1811年6月1日に官報第946号において公布（告示）された。制定当時の原文については、<http://alex.onb.ac.at/cgi-content/alex?aid=jgs&datum=1012&page=465&size=45>（2012年7月26日閲覧）。ただし、一般民法典の施行日は、1812年1月1日である。それゆえ、1811年6月1日または1812年1月1日が「誕生日」であると言える。

2) たとえば、ザルツブルク大学は、2011年6月30日に開催（記念論文集として、*Geistlinger/Harrer/Mosler/Rainer* [Hrsg], 200 Jahre ABGB – Ausstrahlungen [2011] も参照）、インスブルック大学は、2011年11月23日から25日にかけて開催し<http://www.uibk.ac.at/zivilrecht/mitarbeiter/barta/el-aktuell–rewi-200-jahre-abgb-kontinuitaet-im-wandel.pdf>（記念論文集として、*Barta/Lehne/Niedermayr/Schennach* [Hrsg], Kontinuität im Wandel [2012] も参照）、リンツ大学は、2011年10月11日に開催し<http://www.jku.at/content/e213/e63/e59/index_ger.html?record_id=e127228>、グラーツ大学は、2011年4月12日に開催した。<http://www.studium.at/41676-200-jahre-allgemeines-buergerliches-gesetzbuch>（以上、2012年7月26日閲覧）。

3) 式典のプログラムについては、<http://www.justiz.gv.at/internet/file/2c94848525f84a6301336940f8fc601e.de.0/programm.pdf; jsessionid=1299E80ACBC7E923A0554610D2DAB260>（2012年7月26日閲覧）。特別出版として、Österreichischen Juristentag (Hrsg), 200 Jahre ABGB (2012) も参照。

4) *Fischer-Czermak/Hopf/Kathrein/Schauer* (Hrsg), Festschrift 200 Jahre ABGB, 2 Bände (2011). かつて100周年の際にも、記念論文集が編纂された。Festschrift zur

の特集を企画した[5]。同様に、2011 年の欧州公証人大会の統一テーマは、「一般民法典 200 周年と欧州契約法」であった[6]。法律出版社でさえも、記念式典を開催した[7]。さらに、リヒテンシュタイン大学においても、記念式典が開催された[8]。リヒテンシュタイン公国は、──若干の修正を加えているとはいえ──今日なおオーストリア以外で一般民法典が施行されている唯一の国である[9]。かつて一般民法典が施行されたことのある旧ハプスブルク君主国の幾つ

---

　　Jahrhunderfeier des ABGB, 2 Bände (1911).
5)　2011 年 5 月 16 日から 20 日までの裁判官週間。記念論文集として、Bundesministerium für Justiz (Hrsg), 200 Jahre ABGB (2012) も参照。
6)　2011 年 4 月 7 日・8 日の第 23 回欧州公証人大会 <http://www.notar.at/notar/de/home/aktuelles/archiv/archiv/ent_2011/>。記念論文集として、*Kodek* (Hrsg), 200 Jahre Allgemeines Bürgerliches Gesetzbuch und Europäisches Vertragsrecht (2012) も参照。
7)　2011 年 10 月 16 日の連邦法務省会議室における Verlag Österreich の記念式典。この式典および脚注 2 で述べた大学の式典で行われた講演は、*Fenyves/Kerschner/Vonkilch* (Hrsg), 200 Jahre ABGB – Evolution einer Kodifikation (2012) として出版された。
8)　2012 年 3 月 28 日開催 <http://www.uni.li/Home/tabid/36/articleType/ArticleView/articleId/946/200-Jahre-ABGB-in-Liechtenstein.aspx?articleType=ArticleView&articleId=946>（2012 年 7 月 26 日閲覧）。
9)　リヒテンシュタインにおける一般民法典の意義については、*E. Berger,* Rezeption im liechtensteinischen Privatrecht unter besonderer Berücksichtigung des ABGB$^2$ (2011); *dieselbe,* Das ABGB in Liechtenstein und Österreich – Gemeinsamkeiten und Unterschiede, in FS 200 Jahre ABGB (2011) 123; *dieselbe,* Das ABGB in Liechtenstein, in *E. Berger* (Hrsg), Österreichisches Allgemeines Bürgerliches Gesetzbuch (ABGB) III (2010) 13; *dieselbe,* Rechtsrezeption als Option für Kleinstaaten? Das ABGB in Liechtenstein und in den thüringischen Staaten, in *Dölemeyer/Mohnhaupt* (Hrsg), 200 Jahre ABGB (1811-2011) (2012) 177 (178 ff, 190 ff); *Brauneder,* Das ABGB in Liechtenstein, in *Geistlinger/Harrer/Mosler/Rainer* (Hrsg), 200 Jahre ABGB – Ausstrahlungen (2011) 61; *Hamza,* Entstehung und Entwicklung der modernen Privatrechtsordnungen und die römischrechtliche Tradition (2009) 234 ff. ただし、リヒテンシュタインにおける法発展および部分的にのみ達成されたリヒテンシュタイン独自の民法典の制定作業については、*Wille,* Die Neukodifikation des liechtensteinischen Privatrechts als Rezeptionsfrage ausländischen Rechts, in FS Kohlegger (2001) 613 (617 ff)

かの地域、すなわちクラクフ[10]およびプラハ[11]においても、記念式典が執り行われた。マックス・プランク欧州法制史研究所の国際シンポジウムは、すでに前年に開催されていた[12]。最後に、一般民法典の成立記念日に捧げられた幾つかの雑誌論文がある[13]。

　一つの私法典の成立記念日は、私法学に大きな刺激を与えた。なぜなら、学問的に私法を研究している者は、法史学者、法理学者、欧州私法の支持者のいずれであるかを問わず、誰でもその法律の過去・現在・未来の学問研究に参加することができるからである。むろん一つの法律がこれほどの長寿に達することは、当たり前のことではない。法学界において一般民法典に寄せられた賛辞は、いかなる理由によるものであるのか。それは、真に正当なものであるのか。今日における一般民法典の改正論議は、どのような意義を有するのか。以下では、これらの問題を取り上げたい。本稿は、二部構成である。第1部では、一般民法典の成立から現在に至るまでの歴史的経緯を紹介する（Ⅱ）。第2部では、一般民法典の長所および短所を現代の法適用の視点から分析する（Ⅲ）。そして、一般民法典の改正の観点から、簡単なまとめを行って、本稿を終えたい（Ⅳ）。

---

　　も参照。
10)　2011年6月2日・3日の式典。記念論文集として、*Welser* (Hrsg), Vom ABGB zum Europäischen Privatrecht (2012) 参照。
11)　2011年11月22日・23日のプラハ・カレル大学における式典。その際の筆者の講演は、*Schauer,* Das ABGB – Wesensmerkmale, Perspektiven und heutige Standortbestimmung, ÖJZ 2012, 245. として公表された。
12)　2010年11月4日から6日まで開催。記念論文集として、*Dölemeyer/Mohnhaupt* (Hrsg), 200 Jahre ABGB (1811-2011) (2012) 参照。
13)　*Posch,* Das zweihundertjährige ABGB und das Europäische Privatrecht, ZEuP 2010, 40; *Thier,* 200 Jahre ABGB, ZEuP 2011, 805.〔訳注〕わが国の雑誌論文としては、五十嵐清「オーストリア民法典の200年」札幌法学25巻2号97頁〜113頁（2014年）がある。

## II．一般民法典の歴史

### 1．一般民法典の成立[14]

　一般民法典は、18世紀から19世紀にかけてのヨーロッパ法典化の第一世代に属する。プロイセンの一般ラント法（ALR）およびフランス民法典と同じ世代であり、今日なお効力を有するものとしては、フランス民法典と共にヨーロッパ最古の法典の一つである。

　法典化の端緒は、オーストリアのマリア・テレジア大公（Herrscherin Maria Theresia）が[15]1752年ないし1753年に発した命令であった。開始から1811年

---

14) 一般民法典の成立は、多数の法制史研究において、詳しく紹介されている。今もなお参照すべき価値のある大部の著書としては、*v. Harrasowsky,* Geschichte der Kodifikation des österreichischen Civilrechtes (1868, Reprint 1968) 36 ff. また比較的最近の研究としては、*Brauneder,* Das Allgemeine Bürgerliche Gesetzbuch für die gesamten Deutschen Erbländer der österreichischen Monarchie, Gutenberg-Jahrbuch 1987, 205; *derselbe,* Allgemeines Bürgerliches Gesetzbuch, in *Cordes/Lück/Werkmüller/Schmidt-Wiegand* I (2008) 146; *Ogris,* Zur Geschichte und Bedeutung des österreichischen Allgemeinen bürgerlichen Gesetzbuches (ABGB), in *Erauw/Bouckaert/Bocken/Gaus/Storme* (Hrsg), Liber Memorialis François Laurent 1810-1887 (1989) 373 (Zweitveröffentlichung in *Ogris,* Elemente europäischer Rechtskultur [hrsg von *Olechowski,* 2003] 311); *Zweigert/Kötz,* Einführung in die Rechtsvergleichung³ (1996) 156 ff; *Floßmann,* Österreichische Privatrechtsgeschichte⁵ (2005) 13 f; *Hamza,* Entstehung und Entwicklung (FN 9) 224 ff; *W. Doralt,* Allgemeines Bürgerliches Gesetzbuch, in *Basedow/Hopt/Zimmermann* (Hrsg), Handwörterbuch des Europäischen Privatrechts I (2009) 41; zuletzt auch *Kodek,* 200 Jahre Allgemeines Bürgerliches Gesetzbuch – das ABGB im Wandel der Zeit, ÖJZ 2011/54, 490 (490 ff); *Rainer,* Zur Entstehung des ABGB, in *Geistlinger/Harrer/Mosler/Rainer* (Hrsg), 200 Jahre ABGB – Ausstrahlungen (2011) 25; vgl auch *denselben,* Die Entstehung des ABGB, in Bundesministerium für Justiz (Hrsg), 200 Jahre ABGB (2012) 19; *denselben,* Das Römische Recht in Europa (2012) 223 ff, 238 ff.

15) マリア・テレジアは、オーストリアの女大公にしてハンガリーの女王であった。彼女の夫、フランツ・シュテファン・フォン・ロートリンゲン（Franz-Stephan von

の完成に至るまで（むろん中断があったが)、立法作業は60年近くの歳月を費やした。多数の作業部会が活動し、複数の草案が作成された。最初の草案は、テレジア法典（Codex Theresianus）であり、それは、1766年に完成したが、あまりに分量が多く、ローマ法の強い影響を受けていたので、国事詔書により施行が停止された。これに対して、ヨーゼフ2世のもとで完成し、それゆえ「ヨーゼフ法典（Josephinisches Gesetzbuch)」と呼ばれる法案は施行された。ただし、この法典は、人事法ならびに婚姻法、親子法および後見法を規定するだけであった。

　ヨーゼフ2世の死後、立法作業が再開された。カール・アントン・フォン・マルティーニ（Karl Anton von Martini)[16]を長とする作業部会により、いわゆるマルティーニ草案が作成され、1797年に西ガリシアにおいて「西ガリシア法典（Westgalizisches Gesetzbuch)」として施行された[17]。この法典は、同時に新しい作業部会の基礎となり、その最重要の報告者はフランツ・フォン・ツァイラー（Franz von Zeiler)[18]であった。この作業部会によって、法典化作業は終了を

Lothringen）は、神聖ローマ帝国の皇帝であった。マリア・テレジアは、女帝という位につかなかったので、不適切ではあるが、一般に（オーストリアの）女帝と呼ばれている。

[16] カール・アントン・フォン・マルティーニの生涯については、*Schlosser* in *Brauneder* (Hrsg), Juristen in Österreich (1987) 77 (77 ff); *Neschwara* in *Stolleis* (Hrsg), Juristen – Ein biographisches Lexikon; von der Antike bis zum 20. Jahrhundert (1995) 409 (409 ff); *Rainer*, Entstehung des ABGB, in *Geistlinger/Harrer/Mosler/Rainer* (Hrsg), 200 Jahre ABGB (FN 14) 28 f; *derselbe,* Das Römische Recht in Europa (FN 14) 225 ff. さらに、マルティーニに関する大部の研究書として、*Barta/Palme/Ingenhaeff* (Hrsg), Naturrecht und Privatrechtskodifikation (1998).

[17] たとえば、*Brauneder,* Europas erste Privatrechtskodifikation: Das Galizische Gesetzbuch, in *Barta/Palme/Ingenhaeff* (Hrsg), Naturrecht und Privatrechtskodifikation (1998) 303 参照。

[18] フランツ・フォン・ツァイラーについては、特に *Selb/Hofmeister* (Hrsg), Forschungsband Franz von Zeiller – Beiträge zur Gesetzgebungs- und Wissenschaftsgeschichte (1980). 彼の生涯については、*Wesener,* Franz von Zeiller (1751-1828) – Leben und Werk, in *Desput/Kocher* (Hrsg), Franz von Zeiller Symposium (2003) 67 (67

迎えた。そこで作成された一般民法典は、1811年6月1日に公布され、1812年1月1日に施行された。

ここに挙げた二人の人物、マルティーニおよびツァイラーは、共に一般民法典の成立に指導的な役割を果たした。二人とも、当時の法学界の代表的な研究者であった。二人のいずれがより一般民法典の成立に寄与したのかは、争いがあるが、一般には、フランツ・フォン・ツァイラーが決定的な人物であり[19]、彼によって、特にイマヌエル・カント（Immanuel Kant）の哲学が一般民法典に取り入れられた[20]。これに対して、幾人かの研究者は、マルティーニを指導的人物とする[21]。本稿では、この問題に深入りする余裕がない。しかし、それで

---

ff); *Oberkofler* in *Brauneder* (Hrsg), Juristen in Österreich (1987) 97 (97 ff); *Kohl* in *Stolleis* (Hrsg), Juristen – Ein biographisches Lexikon; von der Antike bis zum 20. Jahrhundert (1995) 668 (668 ff); vgl auch *Rainer,* Das Römische Recht in Europa (FN 14) 238 ff.

19) 詳細については、*Hofmeister,* Die Rolle Franz v. Zeillers bei den Beratungen zum ABGB, in *Selb/Hofmeister* (Hrsg), Forschungsband Franz v. Zeiller (1980) 107 (107 ff); vgl auch *Mayer-Maly,* Zeiller, das ABGB und wir, in *Selb/Hofmeister* (Hrsg), Forschungsband Franz v. Zeiller (1980) 1 (3 ff); *denselben,* Die Lebenskraft des ABGB, NZ 1986, 265 (266); *Rainer,* Entstehung des ABGB, in *Geistlinger/Harrer/Mosler/Rainer* (Hrsg), 200 Jahre ABGB (FN 14) 31 ff; *denselben,* Das Römische Recht in Europa (FN 14) 250, 256; *Floßmann,* Privatrechtsgeschichte[5] (FN 14) 14.

20) Dazu *Schmidlin,* Der Begriff der bürgerlichen Freiheit bei Franz v. Zeiller, in *Selb/Hofmeister* (Hrsg), Forschungsband Franz v. Zeiller (1980) 192 (192 ff); *derselbe,* Die Einheit der Rechtsquellen und der Rechtsanwendung im Privatrecht, in Gutachten zum 5. Österreichischen Juristentag (1973) I/1 A, 13 ff, 38 ff und passim; vgl auch *denselben,* Der Stand des römischen Rechts bei Erlass des Allgemeinen Bürgerlichen Gesetzbuches, in FS 200 Jahre ABGB (2011) 59 (65); ferner *Grimm,* Das Verhältnis von politischer und privater Freiheit bei Zeiller, in *Selb/Hofmeister* (Hrsg), Forschungsband Franz von Zeiller (1980) 97 ff; vgl auch *Ogris,* Geschichte und Bedeutung, in *Oleschowski* (Hrsg), Elemente europäischer Rechtskultur (FN 14) 320.

21) 特にこの点を明確に主張するのは、*Barta,* Zivilrecht (2004) 28 ff, 1050; vgl *denselben,* Begrüßung und Einführung, in *Barta/Palme/Ingenhaeff* (Hrsg), Naturrecht und Privatrechtskodifikation (1999) 15.

もフランツ・フォン・ツァイラーがまさに最終段階において立法手続を主導したし、彼の注釈書[22]が一般民法典初の解説書であったことは、確かである。この著書は、数十年後にやっと公表された立法資料集と共に[23]、今日なお一般民法典の歴史的解釈の最も重要な文献である。

## 2．一般民法典の特徴

### (1) 歴史的および哲学的基礎

一般民法典は、第1にローマ法の強い影響を受けており、それは、現代的慣用（usus modernus）、すなわち、時代の要請に適合したローマ法という形で一般民法典に入り込んだ[24]。第2に、自然法[25]およびイマヌエル・カントの哲学[26]の影響を受けており、それは、特に一般民法典の幾つかの箇所において顕著に現れている。その意味では、一般民法典は、啓蒙主義の産物と言える。

---

22) *Zeiller,* Commentar über das allgemeine bürgerliche Gesetzbuch, Bd I–IV (Band II und III jeweils in zwei Teilbänden erschienen; 1811-1813). 注釈者としてのツァイラーについては、*Brauneder,* Kommentare und Bemerkungen Franz v. Zeillers zum ABGB zwischen 1809 und 1822, in *Braunder,* Studien II: Entwicklung des Privatrechts (1994) 31.

23) *Ofner,* Der Ur-Entwurf und die Berathungs-Protokolle des Österreichischen Allgemeinen bürgerlichen Gesetzbuches, Band I und II (1889).

24) ABGBにとってのローマ法の意義については、*Wendehorst,* Zum Einfluss pandektistischer Dogmatik auf das ABGB, in FS 200 Jahre ABGB (2011) 75 (77 f); *Rainer,* Das Römische Recht in Europa (FN 14) 232 ff, 245 ff; *Völkl,* Die österreichische Kodifikation und das römische Recht, in *Barta/Palme/Ingenhaeff* (Hrsg), Naturrecht und Privatrechtskodifikation (1999) 277; *Koschembahr-Lyskowski,* Zur Stellung des römischen Rechtes im allgemeinen bürgerlichen Gesetzbuche für das Kaiserthum Österreich, in FS Jahrhundertfeier ABGB (1911) 209.

25) Vgl *Brauneder,* Gutenberg-Jahrbuch 1987 (FN 14) 245 f; *Schmidlin,* in FS 200 Jahre ABGB (FN 20) 65 ff; *Kodek,* ÖJZ 2011/54 (FN 14) 492 f; ausführlich bereits *Wellspacher,* Das Naturrecht und das ABGB, in FS Jahrhundertfeier ABGB I (1911) 173.

26) 前掲注20)の文献参照。

それは、当時としては極めて進歩的であり、一部は時代をはるかに先取りしていた。さらに、他の立法の影響もあった。ここでは、特にプロイセンの一般ラント法を挙げるべきであり[27]、僅かながらフランス民法典の影響もあった[28]。

## (2) 体　系

　一般民法典は、ローマの法律家ガイウス（Gaius）の法学提要[29]に依拠した体系を採用する。短い導入部（1条〜14条）に続き、人に関する第1部（15条〜283条）および物に関する第2部（むろん財産法全体を意味する285条〜1341条）が置かれ、そして第3部は、人と物の共通規定を扱う（1342条〜1502条）。このような体系は、現代の法律家にとっては分かりづらく、時に混乱を引き起こす。たとえば、担保権は、物に関する規定に置かれたり（447条〜471条）、第3部の共通規定に置かれているし（1368条〜1374条）、行為能力に関する規定は、人の法に置かれたり（151条〜154b条）、物の法に分類された財産法の中に置かれている（865条）。すなわち、一般民法典は、多くの現代法と異なり、パンデクテン体系に基づいていない。後者は、一般民法典成立の頃には、まだ完成していなかった[30]。それゆえ、一般民法典は、総則を置いていない。

---

27) Dazu *Brauneder,* Der Einfluss des ALR auf das ABGB, in FS 200 Jahre ABGB (2011) 3 (3 ff); vgl auch *denselben,* Gutenberg-Jahrbuch 1987 (FN 14) 223.

28) Dazu *Heiss,* Der Einfluß des Code Civil auf die österreichische Privatrechtskodifikation, in *Barta/Palme/Ingenhaeff* (Hrsg), Naturrecht und Privatrechtskodifkation (1999) 515; *Rainer,* Franz von Zeiller und der Code Civil, in FS 200 Jahre ABGB (2011) 45 (45 ff); vgl auch *denselben,* Entstehung des ABGB, in *Geistlinger/Harrer/Mosler/Rainer* (Hrsg), 200 Jahre ABGB (FN 14) 33. 一般民法典とフランス民法典の類似性については、さらに *Mayer-Maly,* NZ 1986 (FN 19) 264 sowie *Posch,* ZEuP 2010 (FN 13) 43.

29) 法学提要の体系については、さしあたり *Zimmermann,* The Law of Obligations (1990) 25 f.

30) パンデクテン体系の成立については、*J. P. Schmidt,* Pandektensystem, in *Basedow/Hopt/Zimmermann* (Hrsg), Handwörterbuch des Europäischen Privatrechts (2009) 1132 (1132 f); *Zimmermann,* Law of Obligations (FN 29) 30 ff. この体系の発展にとって記念碑的な著作としては、*Heise,* Grundriss eines Systems des gemeinen Civil-

### (3) 原則重視および簡略化

　一般民法典の方式の特徴としては、細かな規則より原則に重きを置いた規定方法も挙げられる[31]。それは、法適用の際に極めて柔軟な対応を可能とする。同時に、一般民法典は、まさに教科書的な性質の規定を多数置いており、時には、法律家に対し規定の意味をよく分からせるための例を挙げている。原則に重きを置く規定方法は、同時に比較的少ない条文数となった。一般民法典は、制定当時は 1502 か条しかなく、プロイセン一般ラント法の 10 分の 1 以下であった。さらに注目すべきことに、一般民法典は、法適用に関する明文の規定を置く数少ない立法の一つであった。それらの規定は、今なお法解釈学の基礎となっている。たとえば、一般民法典 6 条によれば、法律の趣旨は、「文脈における文言の本来の意味および立法者の明白な意思により」解明されなければならない。ここには、文理解釈（「文言の意味」）、体系的解釈（「文脈における」）、ならびに——むろん未分化とはいえ——歴史的および目的論的解釈（「立法者の明白な意思」）が見て取れる。一般民法典 7 条は、裁判所に対し、明文で規定されていない事案では、法律に規定された類似の事案または関連法令の趣旨により判断したり、補助的に「自然的法原則」[32]によることを認める。これは、類推による法適用の要請以外の何物でもない。我々現代の法律家にとっては、このような法適用の方法は自明のことである。しかし、まだ絶対的な王権支配の

---

rechts zum Behuf von Pandecten-Vorlesungen³ (1822).

31) Vgl dazu *Schilcher,* Rechtsprinzipien als Grundlage von Kodifikationen, in *Desput/Kocher* (Hrsg), Franz von Zeiller Symposium (2003) 21 (21 ff).

32) 一般民法典の起草者は、自然的法原則を自然法と考えていた。*Zeiller,* Commentar I (FN 22) 65 f; vgl auch *Wellspacher,* in FS Jahrhundertfeier ABGB (FN 25) 184; *Mayer-Maly,* Naturrecht im positiven Recht, in FS F. Bydlinski (2002) 265 (267 f). しかし、今日では、それは、法体系の基礎にある一般的な価値基準と考えられている。*F. Bydlinski* in *Rummel* (Hrsg), Kommentar zum ABGB³ (2000) § 7 Rz 9 ff; *Schauer* in *Kleteka/Schauer* (Hrsg), ABGB-ON (2010) § 7 Rz 17; ausführlich zum Thema zuletzt *Kramer,* Die „natürlichen Rechtsgrundsätze" des § 7 ABGB heute, in FS 200 Jahre ABGB (2011) 1169.

時代にあっては、裁判所による独自の法発展への顕著な授権がそこに存在していた。

### (4) 一般法典かつ民法典

一般民法典のその他の特徴としては、一般法としての効力と民法への制限の混在がある。すなわち、一般民法典は、一般法典であり、かつ民法典であった。これには、二重の意味がある。第1に、一般民法典は、厳格に私法に限定されている。公法に関係する事項は、プロイセン一般ラント法とは異なり、すべて一般民法典から除外されている。一般民法典の多くの箇所において、「政治的法律（politische Gesetze）」ないし「政治的規則（politische Verordnungen）」の参照が指示されている（27条、325条、382条、383条、385条、387条など）。第2に、一般民法典は、まさに一般法典である。すなわち、一般民法典は、一般的に適用されることを求める。貴族[33]、商人[34]、農民などの身分に応じた特別法は、一般民法典の性質上規定されていない。このような立法技術は、今日では自明のことと思われるかもしれない。しかし、一般民法典の成立当時は、これが当

---

33) ただし、一般民法典においても、一定の身分の差異を前提としたり、事実上一定の身分の者にのみ使用が認められた多数の制度が規定されている、という指摘がある。たとえば、荘園制（bäuerliche Grundherrschaft）のために区別された上級所有権および下級所有権（357条、359条以下）、世襲財産（Fideikommisse）（618条以下）、さらには、モルゲンガーベ（1232条）および寡婦財産（Witwengehalt）（1242条以下）のように、貴族だけが行う一定の夫婦財産契約が挙げられる。詳細については、*Brauneder*, „Allgemeines" aber nicht gleiches Recht: das ständische Recht im ABGB, in *Hattenhauer/Landwehr*, Das nachfriderizianische Preußen 1786-1806 (1988) 23 (28 f); *derselbe*, Das österreichische ABGB: Eine neuständische Kodifikation, in FS Wesener (1992) 67 (67 ff); *derselbe*, Gutenberg-Jahrbuch 1987 (FN 14) 243 ff; vgl zuvor auch bereits *Grimm*, Verhältnis von politischer und privater Freiheit, in *Selb/Hofmeister* (Hrsg), Forschungsband Franz von Zeiller (FN 20) 94 (100 ff); vgl jüngst auch *Apathy*, 200 Jahre ABGB – ein Rückblick, *Fenyves/Kerschner/Vonkilch* (Hrsg), 200 Jahre ABGB – Evolution einer Kodifikation (2012) 47 (47 f).

34) Vgl dazu aber auch *Schauer*, Handels- und unternehmensrechtliche Elemente im ABGB, in FS 200 Jahre ABGB (2011) 617.

然ではなく、プロイセン一般ラント法のように、身分に応じた特別法が広く規定されていた。

## 3．一般民法典の発展

### (1)　19 世紀前半

19 世紀における立法の発展は、比較的静かに進んだ。一般民法典は、ほんの僅かの改正があったにすぎない。ただ一つ注目すべきであるのは、一般民法典が 19 世紀前半にサヴィニー（Savigny）とティボー（Thibaut）の間の法典化論争に巻き込まれたことである[35]。サヴィニーは、その当時、民族精神学説によりあらゆる法典化に反対したが、特に一般民法典を厳しく批判した[36]。

### (2)　歴史学派の影響

しかし、はるかに影響が大きかったのは、19 世紀後半における歴史学派であった。ヨーゼフ・ウンガー（Joseph Unger）[37]は、オーストリアの代表格であった。ウンガーおよびその他の影響力ある法学者たちは、一般民法典をローマ

---

35)　法典化論争およびサヴィニーの民族精神学説については、さしあたり *Hattenhauer,* Europäische Rechtsgeschichte⁴ (2004) Rz 1723 ff (insb Rz 1726 ff); *Zweigert/Kötz,* Rechtsvergleichung³ (FN 14) 137 ff; *Rainer,* Europäisches Privatrecht – Die Rechtsvergleichung² (2007) 87 ff; *Wendehorst,* Ist der Kodifikationsstreit entschieden?, in *Fenyves/Kerschner/Vonkilch* (Hrsg), 200 Jahre ABGB – Evolution einer Kodifikation (2012) 9 (10 ff).

36)　*v. Savigny,* Vom Beruf unserer Zeit für Gesetzgebung und Wissenschaft (1814, Reprint 1997) 98 ff.　これは、むろん枝葉末節に対する批判も多数含んでいた。Vgl dazu auch *Brauneder,* Gutenberg-Jahrbuch 1987 (FN 14) 251; *W. Doralt* in *Basedow/ Hopt/Zimmermann* (Hrsg), Handwörterbuch (FN 14) 42; *Wendehorst,* in FS 200 Jahre ABGB (FN 24) 79 f; *Thier,* ZEuP 2011 (FN 13) 807.

37)　ヨーゼフ・ウンガーの生涯については、*Brauneder* in *Brauneder,* Juristen in Österreich (1987) 177 ff; *Dölemeyer* in *Stolleis* (Hrsg), Juristen – Ein biographisches Lexikon; von der Antike bis zum 20. Jahrhundert (1995) 628 f.

法に照らして解釈し直すよう試みた。それは、しばしば起草者の意図に大きく反する結果となった[38]。

　この影響は、ドイツ民法典が1900年1月1日に施行された時、一層強まった。要するに、二つの帰結が生じた。第1に、オーストリアの立法者にとっては、その間に消耗が見過ごせなくなった一般民法典の幾つかの箇所を現代化するきっかけとなった[39]。その結果、1914年から1916年にかけて、三回の部分改正がなされた[40]。大部分は債務法に関するものであり、一部はかなりドイツ民法典にならったものであった[41]。第2に、一般民法典のドグマは、パンデクテン法学の影響により根本的な変更を余儀なくされた。一般民法典の多数の規定は、ドイツ民法典のドグマに照らして解釈し直された。一般民法典の解釈に対するパンデクテン法学の影響は、あまりに大きく条文および立法者意思との

38) 一般民法典への「パンデクテン法学の重ね塗り」に関する最近の研究としては、*Wendehorst,* Kodifikationsstreit, in *Fenyves/Kerschner/Vonkilch* (Hrsg), 200 Jahre ABGB (FN 35) 23 ff; *dieselbe,* in FS 200 Jahre ABGB (FN 24) 81 ff, 85 ff; vgl auch *dieselbe,* 1811 and all that – das ABGB im Prozeß europäischer Rechtsentwicklung, in Vienna Inauguration Lectures, Band 2 (2010) 19 (23 ff); *Hamza,* Entstehung und Entwicklung (FN 9) 229 ff; *Schauer,* Structural Elements of the Austrian Civil Code, in *Grundmann/Schauer* (eds), The Architecture of European Codes and Contract Law (2006) 83 (91 f); *Kramer,* Der Einfluß des BGB auf das schweizerische und österreichische Privatrecht, AcP 200 (2000), 365 (385 ff).

39) 改正の火付け役となったのは、*Unger,* Zur Revision des allgemeinen bürgerlichen Gesetzbuches, GrünhutsZ 1904, 389.

40) RGBl 1914/276; RGBl 1915/208; RGBl 1916/69. 部分改正の経緯については、*Ogris,* Die Rechtsentwicklung in Österreich, 1848-1918 (1975), 69 f; *derselbe,* Das ABGB innerhalb und außerhalb Österreichs, in *Geistlinger/Harrer/Mosler/Rainer* (Hrsg), 200 Jahre ABGB – Ausstrahlungen (2011), 12 ff; *Dölemeyer,* Die Kodifikation im Blick der Öffentlichkeit: ABGB 1811 und Teilnovellen 1914-1916, in *Dölemeyer/Mohnhaupt* (Hrsg), 200 Jahre ABGB (1811-2011) (2012) 353 (367 ff); *Wendehorst,* in FS 200 Jahre ABGB (FN 35) 85 f.

41) Näher dazu *Wendehorst,* in FS 200 Jahre ABGB (FN 35) 86 ff; vgl auch *Ogris,* Rechtsentwicklung (FN 40) 70; *derselbe,* 200 Jahre ABGB (FN 40) 14; *Posch,* ZEuP 2010 (FN 13) 44 f.

乖離をもたらしたので、最近では、もはや一般民法典が立法の用をなさないのではないか、とさえ真剣に論じる者がいる[42]。一般民法典の解釈および適用に対するドイツ法の影響が今日までにあまりに大きくなったからといって、このような見解に必ずしも追随する必要はない。しかし、多くの法律家は、日常の法適用に際して、これをほとんど意識していない。一般民法典を適用しているつもりでも、現実にはドイツ民法典のカテゴリーで考えている。これは、オーストリアのすべての法律家が法学教育の最初から直面する問題である。前述のように、一般民法典は、ローマの法学提要にならっているが、教科書は、圧倒的にパンデクテン法学の5分類に基づいている[43]。すなわち、学生は、一般民法典自体が基づく体系とは異なる体系に従って学習している。

### (3) 特別法への移行

20世紀における発展は、さらなる特徴を有している。すなわち、民法の重要部分の特別法への移行である。これにより一般民法典は一部補充され、一部排除された。この現象は、特に多くの人の生活にとって重要な分野に当てはまる。消費者保護法、住居法（住居賃貸借法および住居所有権法）、労働法および大部分の親族法は、一般民法典において、最初から規定されていないか、または後に規定されなくなった。同じことは、多くの不法行為法、特に危険責任分野に当てはまる。むろん20世紀後半の数十年において、多数の改正がなされ、完全に現代化されたと言える分野が幾つかあることも、見過ごせない。たとえば、親族法がそうである。しかしながら、一般民法典は、特別法の制定により大きく浸食され、法典としては、限定的な役割しか果たすことができなくなっ

---

42) *Wendehorst,* Kodifikationsstreit, in *Fenyves/Kerschner/Vonkilch* (Hrsg), 200 Jahre ABGB (FN 35) 32 ff.

43) たとえば、代表的な教科書として、*Koziol/Welser,* Bürgerliches Recht$^{13}$ I (2006), II (2007); *Apathy* (Hrsg), Bürgerliches Recht$^{4}$ (2010). これに対して、*Barta,* Zivilrecht (FN 21) だけは、独自の体系によっている。学説におけるパンデクテン法学の受容については、さらに *Wendehorst,* Kodifikationsstreit, in *Fenyves/Kerschner/Vonkilch* (Hrsg), 200 Jahre ABGB (FN 35) 26 ff.

た。

## Ⅲ．今日の法適用における一般民法典の長所および短所

### 1．一般民法典の長所

　私法における不断の特別法制定による大きな分断にもかかわらず、一般民法典は、依然として私法の基礎を担っている。その評価の根拠は、何重にも守られている。これは、特に自然法に基づく規定に当てはまる。二つの例を挙げたい。

　一般民法典16条前段は、「すべての人間は、生来の、理性により明らかな権利を有しており、それゆえ人とみなされる」と規定する。この規定は、一般民法典への自然法思想の基本的入口である[44]。これは、人間のみが欲望を理性に従わせることができ、それゆえ自由な存在とみなされるという思想に基づく。人間は、理性的な存在であるから、もはやそれ以上の正当化を必要としない自己目的である。人間は、理性を有するからこそ、理性のない客体と区別され、それゆえ人とみなされる。人間は、その理性に導かれた自由を享受するために、生来的な、それゆえ後に得る必要のない権利を付与される。この自由は、16条により保障される。個人の自律は、人間の尊厳を根拠づけるから、16条は、人の尊厳および人格権保護の私法上の基盤とも言える。

　判例学説は、長らく16条を活用することができなかった。あるいは、この規定がそれほど一般的であり、具体的な法的効力を規定していなかったからかもしれない。しかし、20世紀最後の四半世紀に至り、一般民法典16条は、いわば再発見された。この規定は、今日、私法上の人格権保護の中心規範であり[45]、特別な規定がない場合は、いつでも介入する。同時に16条は、基本権

---

44) Vgl bereits *Wellspacher*, in FS Jahrhundertfeier ABGB (FN 25) 187 ff.

45) Dazu etwa *Griss*, Das ABGB und die Praxis – eine wechselvolle Beziehung, in *Fischer-Czermak/Hopf/Kathrein/Schauer* (Hrsg), ABGB 2011 (2008) 43 (46 ff); *dieselbe*, Die Rechtsprechung als Organ der Rechtsfortbildung im Zivilrecht, in FS 200 Jahre

の間接的な第三者効にとって、少なからぬ役割を果たす[46]。たとえば、最高裁判所は、人権条約8条および情報保護法1条と一般民法典16条を組み合わせ、私生活およびプライバシーの保護に対する生来的な権利を認める。その際には、むろん人格権から導かれる保護の限界は固定されるべきではなく、常に加害者の行為利益と比較衡量されなければならない[47]。同様に一般民法典16条の人格権保護からは、たとえば、プライバシー保護および名誉の混在地帯に住み着いた、発言に対する権利も導かれる。そこからは、無断の録音に対する包括的な禁止が導かれたり、不適切な、省略した、または手を加えた引用により、人がその社会的活動領域において損害を受けるおそれがある場合は、そのような引用を禁止する権利も導かれる[48]。

第2の成功例かつ今日まで模範となる規定の例は、錯誤の取消しである。一般民法典871条は、表示上の錯誤（Erklärungsirrtum）または内容上の錯誤（Geschäftsirrtum）が契約締結にとって本質的である場合に限り、取消しを認めるが、一般に動機の錯誤は含まれない。しかし、表示上の錯誤または内容上の錯誤があっただけでは、まだ契約の取消しには十分でない。相手方が錯誤を起こさせたか、相手方が錯誤に気づくべきであったか、錯誤が速やかに明らかとなったことが、さらに必要である。このようにして、錯誤者の保護と相手方の保護との適切な均衡が保たれる。法案の理由書は、次のように述べる。すなわち、相手方は、通常、意思表示が有効であると期待する。ただし、誤った情報提供などにより自ら錯誤を招いたか、あるいは錯誤に気づくべきであった場合など、特別な理由があれば、相手方は保護されない。このように広範ではある

---

ABGB (2011) 1521 (1522 ff).

[46]　Vgl etwa *Schauer* in *Kletečka/Schauer* (Hrsg), ABGB-ON (FN 32) § 16 Rz 15.

[47]　OGH 4 Ob 91/78 = SZ 51/146; 6 Ob 2401/96 y = SZ 70/18; 7 Ob 150/97 b; 4 Ob 64/00 s = wbl 2000/224; 6 Ob 6/06 k = MR 2007, 127; 7 Ob 248/09 k = JBl 2010, 374; vgl auch 7 Ob 89/97 g = JBl 1997, 641; 6 Ob 190/01m = SZ 74/168; 8 ObA 288/01 p = SZ 2002/83; 8 Ob 108/05 y = SZ 2005/185: dazu auch *Schauer* in *Kletečka/Schauer* (Hrsg), ABGB-ON (FN 32) § 16 Rz 18.

[48]　OGH 4 Ob 227/04t = MR 2005, 49.

が、決して無制限ではない信頼保護は、取引コストの低減にも役立ち、それゆえ市場の効率を上げる効果も認められるであろう[49]。

## 2．一般民法典の短所

### (1) 全　　　般

賛辞はこれくらいにして、今日の法適用における一般民法典の短所も明らかにしなければならない。一般民法典は、大部分の規定が今なお、農業経済から初期産業革命への移行期の産物である。当時の最も重要な交通手段は、郵便馬車であった。そのような法律が現代の電子化時代における分業制に基づく産業・サービス社会の要請にもはや完璧に対応できなくなっていることは、それほど大きな想像力を働かせなくても、容易に分かるであろう。現に問題は山積みである。

### (2)　AGBG の用語

第1の問題は、一般民法典の用語である。それは、一般民法典の成立当時は模範的と考えられていた。法律の理解度の基準は、当時は法曹ではなく教養のある市民であった[50]。市民は、法律に通じているべきであるとされた。この目的は、現に 200 年前に達成された。一般民法典の用語は、今日なお頻繁に賞賛

---

49)　すでに、*Wellspacher*, in FS Jahrhundertfeier ABGB (FN 25) 196 は、錯誤の規定を「一般民法典の偉業」と評価する。同様にこれを評価するものとして、*Zweigert/Kötz,* Rechtsvergleichung³ (FN 14) 410 （「極めて独創的かつ法政策的傾向に調和した立法」）、*Schauer,* Reformbedarf im Allgemeinen Teil und im Schuldrecht Allgemeiner Teil, in *Fischer-Czermak/Hopf/Kathrein/Schauer* (Hrsg), ABGB 2011 (2008) 51 (60); *Thier,* ZEuP 2011 (FN 13) 818; *Kodek,* ÖJZ 2011/54 (FN 14) 496; *Kramer,* AcP 200 (FN 38) 395. 規定の成立経緯については、*Luig,* Franz v. Zeiller und die Irrtumsregelung des ABGB, in *Selb/Hofmeister* (Hrsg), Forschungsband Franz v. Zeiller (1980) 153 (153 ff).

50)　*Zeiller,* Commentar I (FN 22) 25; vgl dazu auch *Brauneder,* Gutenberg-Jahrbuch 1987 (FN 14) 228 f, 239.

されている[51]。むろん今日からみれば、このような賞賛に全面的に賛同することはできない[52]。なぜなら、我々が現在生きている世界は、200 年前とは異なるからである。そして、現代の用語は、はるかに進化している。一般民法典に挙げられた多数の例示は、もはや我々に通用しない。多くの規定の用語が今日では古臭くなったように思われる。場合によっては、ほとんど理解不能とさえ言える。筆者の講義では、条文がほとんど理解できない学生、あるいは少し奇妙に思っている学生がいつも何人かいる。

### (3)　一般民法典と法律実務および法理論の要請との乖離

はるかに深刻であるのは、第 2 の問題である。それは、一般民法典の改正が高度に進化した社会体制および経済体制の新たな要請ならびに学説の発展に追いつけなくなったことである。ここでまず思い出して頂きたいのは、多くの「現代的な」テーマが特別法に規定され、その結果、一般民法典の法典として

---

51)　Vor allem von *Welser,* Von der Gesetzesplage, der Gesetzessprache und dem Vergnügen mit dem ABGB, jus-alumni-Magazin 2011/1, 19; *derselbe,* Verdienste und Stärken des ABGB, in Bundesministerium für Justiz (Hrsg), Festveranstaltung 200 Jahre ABGB (2012) 19 (23); ebenso *Mayer-Maly,* NZ 1986 (FN 19) 266 f; *Ogris,* Geschichte und Bedeutung, in *Oleschowski* (Hrsg), Elemente europäischer Rechtskultur (FN 14) 327.　これに対して、外国の研究者の判断は、より批判的である。たとえば、*Zweigert/Kötz,* Rechtsvergleichung³ (FN 14) 161 は、次のように手厳しい。「一般民法典の規定は、大部分が明らかに回りくどい。たしかに、プロイセンの一般ラント法のように、うんざりするような煩雑さに陥っていることは、極めて稀であるが（ただし、明らかにカズイスティクと言ってよい規定として、487 条ないし 503 条、556 条ないし 683 条参照）、85 年も後に成立したドイツ民法典のように冷徹な用語法とはかけ離れている」。

52)　今日の観点から一般民法典の用語を批判するものとして、*P. Bydlinski,* Legistik, Methode, Systematik und Sprache des ABGB, in *Fischer-Czermak/Hopf/Kathrein/Schauer* (Hrsg), ABGB 2011 (2008) 19 (26 ff); *Posch,* ZEuP 2010 (FN 13) 51; *Kodek,* ÖJZ 2011/54 (FN 14) 495; *Thier,* ZEuP 2011 (FN 13) 815 f; *Schauer,* 200 Jahre und immer noch weise? – Von der Lebenskraft des ABGB heute, in Österreichischer Juristentag (Hrsg), Festveranstaltung 200 Jahre ABGB (2012) 70 (76 ff).

の役割がかなり空洞化したことである。

　さらに一般民法典と今日の要請との乖離は、特に以下の二点に現れている。第1に、一般民法典は、その成立当時は時代に適合していたが、今日では事実上の適用の場面がとっくに失われ、死文と化した規定を今なお多数抱えている。一例を挙げれば、「下着」、「レースの服」、「旅行用品」に関する遺贈の解釈規定があるが（679条）、これらは、今日ではほとんど遺贈の対象とならない。さらに、たとえばププリキアーナ訴権（actio Publiciana）（372条）のような規定は、その直接的な適用の場面では、とっくに意義を失い、単に類推適用による一般的な法発展の基礎として使われるにすぎない[53]。たとえば、ププリキアーナ訴権は、停止条件付売買における将来の所有者の保護を根拠づけるために使われたり、ある見解——むろん争いがあるが——によれば、借主の第三者に対する保護の根拠にも使われる[54]。

　第2に、この200年の間に学説および判例は相当に発展した。そのため、書かれた法と実務との間のギャップは、多くの分野において、ますます大きくなっている。たとえば、不当利得法および損害賠償法がそうである[55]。判例は、ほとんどの場合、学説に追随する形で、一般民法典とかなり離れてしまったので、条文とのつながりがほとんど分からない程である。一部は、いわゆる判例法（case law）が形成されたとさえ言える。その結果は、大学の授業に見て取れる。多くの学生は、一般民法典をほとんど手に取ることなく、ほとんど全面的に教科書に頼って学習する。それが悪いことであるとは、あまり言えないであろう。なぜなら、多くの問題は、一般民法典に明確な答えを見出すことができ

---

53) Dazu näher *Kodek,* Die heutige Bedeutung der actio Publiciana – Zauberformel oder Irrweg?, in FS 200 Jahre ABGB (2011) II, 1139 (1149 ff).

54) *Koziol/Welser,* Bürgerliches Recht[13] I (FN 43) 279 f; kritisch *Kodek,* in FS 200 Jahre ABGB (FN 53) 1152 f; *Holzner* in *Kletečka/Schauer* (Hrsg), ABGB-ON (2010) § 372 Rz 9.

55) Näher dazu *Schauer,* Schulrecht – Reformbedarf oder Kontinuität, in Bundesministerium für Justiz (Hrsg), 200 Jahre ABGB, RichterInnenwoche 2011 (2012) 183 (193 ff).

ないからである。裁判所による法形成については、二つの短い例を挙げたい。第1に、10年以上前から、最高裁判所は、不法行為による人の死亡の場合、その近親者は、死後に受けた精神的苦痛を理由として、慰謝料請求権を有すると判示している。これは、むろん加害者に故意または重大な過失があった場合に限られる[56]。しかし、一般民法典には、これに関する明確な法的根拠が存在しない。第2に、最高裁判所は、不法出生（wrongful birth）と不法懐胎（wrongful conception）とで異なる結論を導いている。ある女が産婦人科医の診察ミスにより障害児を生んだが、障害を知っていれば、堕胎したであろう場合（wrongful birth）、医師は、損害賠償として、子の扶養料全額を負担する[57]。これに対して、ある女が不妊手術のミスにより予想外の、しかし健康な子を産んだ場合、医師は、賠償義務を負わない[58]。いずれについても、一般民法典に明白な規定は存在しない。このように結果が異なる場合は、一層面倒である[59]。

　以上のことは、同時に一般民法典を適用する際の主たるジレンマになっている。裁判所は、一般民法典を高く評価している。その柔軟性を称賛し、個々の事案の判断に際し認められた事実上または推測上の解釈の余地を歓迎している[60]。しかし、この長所は、高い代償を払っている。それは、透明性および予

---

56) Vgl OGH 2 Ob 84/01 v = ZVR 2001/73; 2 Ob 18/06 w = Zak 2006/217; 2 Ob 163/06 v = JBl 2007, 791; vgl auch *Beisteiner,* Angehörigenschmerzengeld (2009): *Hinteregger* in *Kletečka/Schauer* (Hrsg), ABGB-ON (2010) § 1325 Rz 44 ff.

57) OGH 5 Ob 165/05h = EF-Z 2006/27; OGH 5 Ob 148/07m = Zak 2008, 95.

58) OGH 6 Ob 101/06f = EvBl 2006/171; OGH 2 Ob 172/06t = Zak 2007, 77; OGH 6 Ob 148/08w = Zak 2008, 336.

59) Kritisch etwa *B. Steininger,* Wrongful birth revisited: Judikatur zum Ersatz des Unterhaltsaufwands nach wie vor uneinheitlich, ÖJZ 2008/46, 436 (438 f); *Pletzer,* „Recht auf kein Kind?" – Überlegungen anlässlich der jüngsten Entscheidung des OGH zu „wrongful birth", JBl 2008, 490 (498 ff); *Hinghofer-Szalkay/Hirsch,* Wrongful birth/ Wrongful conception quo vadis?, ÖJZ 2007/43, 519.

60) Vgl etwa *Griss,* Das ABGB und die Rechtsprechung, in Österreichischer Juristentag (Hrsg), Festveranstaltung 200 Jahre ABGB (2012) 25 (25 ff, 32); *dieselbe,* Das ABGB und die Praxis – eine wechselvolle Beziehung, in *Fischer-Czermak/Hopf/Kathrein/ Schauer* (Hrsg), ABGB 2011 (2008) 43 (45 ff).

見可能性の欠如である[61]。今日、不当利得法および損害賠償法のみならず、その他の分野においても、特定の法律問題について調べたい者は、しばしば一般民法典には答えを見出すことができず、注釈書に答えを求めている。それゆえ、たとえば弁護士として契約書を作成する際に、合意の結果について明確な情報を依頼者に提供するのが困難である者にとっては、この一般民法典の特性は、あまり評価できないであろう。しかし、これによって、法典化の重要な視点が欠落することになる。なぜなら、透明性の確保も、法典化の役割として欠かすことができないからである。

## Ⅳ. まとめと展望

以上により、結論は、芳しいものではない。一般民法典の意義は、多くの分野において、裁判所の法発展および重要な分野の特別法への移行により、大きく減っている。それゆえ、一般民法典は、私法秩序について全面責任を負うという役割を[62]、極めて限定的にしか果たすことができない。オーストリアの偉大な私法学者および訴訟法学者であり、かつ司法大臣も務めたフランツ・クラインは[63]、すでに一般民法典の100周年記念の著名な論文において、一般民法

---

61) Dazu *Schauer,* 200 Jahre und immer noch weise?, in Österreichischer Juristentag (Hrsg), Festveranstaltung 200 Jahre ABGB (FN 52) 75 f; vgl auch *denselben,* Schuldrecht – Reformbedarf oder Kontinuität, in Bundesministerium für Justiz (Hrsg), 200 Jahre ABGB (FN 55) 193 ff.
62) So *G. Graf,* ABGB forever?, in *Fischer-Czermak/Hopf/Schauer* (Hrsg), Das ABGB auf dem Weg in das 3. Jahrtausend (2003) 1 (4 f).
63) フランツ・クラインの生涯の詳細については、*Hofmeister* (Hrsg), Symposium Franz Klein zum Sechzigsten Todestag, Forschungsband Franz Klein (1988); ferner *P. Böhm* in *Brauneder* (Hrsg), Juristen in Österreich (1987) 234 (234 ff); *Hofmeister/N. Neumair* in *Stolleis* (Hrsg), Juristen – Ein biographisches Lexikon; von der Antike bis zum 20. Jahrhundert (1995) 350 (350). 特に会社法における彼の業績の評価については、*Doralt/Kalss* (Hrsg), Franz Klein – Vorreiter des modernen Aktien- und GmbH-Rechts (2004).

典の生命力に疑問を投げかけたが[64]、今日では、さらにそれが弱っているように思われる[65]。この状況は望ましくない。欧州において新しい法典化の波が起きていることを思えば、なおさらである。オランダは、20世紀末に民法典（Burgerlijk Wetboek）によって先鞭をつけた。ドイツは、2001年の債務法現代化法によって新しい法典を作成したわけではないが、債務法を大幅に改正した。多数の中東欧諸国は、すでに新しい民法典を制定したか、あるいは準備している[66]。このような比較法的状況において、オーストリア法の欠陥は、ますます目立っている。

それゆえ、法改正の必要性は、極めて大きい。これには、二つの方法によって対処すべきである。第1は、規定の整理であり、すでに時代遅れとなり、無意味となった規定を削除することである。これによって、現代の法実務に関係する規定だけが残ることになる。第2は、規定の内容の現代化であり、21世紀初頭の多元的社会体制および市場経済を前提とした私法秩序の要請に応えることである。しかし、同時に法を体系化し、内容的な一貫性を守るという法典化の長所も、維持されるべきである。

規定の整理という任務については、オーストリアの立法者は、近年何段階かに分けて対応してきた。第一連邦法整理法では[67]、多数の特別法および時代遅れの規定が包括的に廃止された。しかし、一般民法典は、手つかずであった。一般民法典の時代遅れの法制度は、一部が規制緩和法によって削除された[68]。2005年の商法改正も[69]、一般民法典の整理となった。

---

64) *Klein,* Die Lebenskraft des allgemeinen bürgerlichen Gesetzbuches, in FS Jahrhundertfeier ABGB (1911) 1.

65) Dazu *Schauer,* 200 Jahre und immer noch weise?, in Österreichischer Juristentag (Hrsg), Festveranstaltung 200 Jahre ABGB (FN 52) 78.

66) Vgl dazu etwa *Vékás,* Über die Expertenvorlage eines neuen Zivilgesetzbuches für Ungarn, ZEuP 2009, 536 (538 f); *denselben,* Erfahrungen mit einer verspäteten Privatrechtskodifikation, in FS Posch II (2011) 799 (802 f).

67) BGBl I 1999/191 idF BGBl I 2006/113.

68) Art 9 Deregulierungsgesetz, BGBl I 2006/113.

はるかに重要であり、かつ困難であるのは、内容の現代化である。2002 年および 2007 年、ウィーン大学において、連邦法務省の協力を得て開催された 2 回のシンポジウムは、私法のほぼ全分野において改正の必要性が大きいことを明らかにした。その際には、具体的な改正提案もなされた[70]。

しかしながら、全く新しい法典化は、オーストリアの政治日程に上っていない。とはいえ、オーストリア連邦法務省は、一般民法典の全面改正を目指した「一般民法典 200 年プラス（ABGB 200plus）」という計画を立てた[71]。これは、一般民法典の漸進的改訂を追求するものである。計画は、すでに開始している。EU の新しい消費者金融指令[72]の国内法化に際し、一般民法典の金融契約規定は、完全に新しくなった[73]。目下のところ、民法上の会社（Gesellschaft bürgerlichen Rechts）の改正が作業中である[74]。準備中であるのは、相続法の様々な改正[75]、特に遺留分の分野における改正である[76]。私見によれば、これらの

---

69) Handelsrechts-Änderungsgesetz, BGBl I 2005/120.
70) Vgl dazu die Tagungsbände *Fischer-Czermak/Hopf/Schauer* (Hrsg), Das ABGB auf dem Weg in das 3. Jahrtausend (2003); *Fischer-Czermak/Hopf/Kathrein/Schauer* (Hrsg), ABGB 2011 (2008).
71) Dazu *Stabentheiner,* Das Jubiläumsprojekt zur Modernisierung des österreichischen ABGB und das Europäische Vertragsrecht, in *Fenyves/Kerschner/Vonkilch* (Hrsg), 200 Jahre ABGB – Evolution einer Kodifikation (2012) 61 (62 ff).
72) Richtlinie 2008/48/EG des Europäischen Parlaments und des Rates vom 23. April 2008 über Verbraucherkreditverträge und zur Aufhebung der Richtlinie 87/102/EWGG des Rates, ABl 2008 L 133/66.
73) Darlehens- und Kreditrechtsänderungsgesetz (DaKRÄG), BGBl I 2010/28.
74) Vgl dazu *Told,* Grundfragen der Gesellschaft bürgerlichen Rechts – Ein Beitrag zur Reformdiskussion (2011); *Krejci,* Miteigentum und Vermögensordnung der Gesellschaft bürgerlichen Rechts de lege ferenda, in FS 200 Jahre ABGB (2011) 1191.
75) Dazu *Welser,* Die Reform des österreichischen Erbrechts, in Verhandlungen des 17. Österreichischen Juristentages II/1 (2009).
76) *Krejci* (Hrsg), Unternehmensnachfolge und Pflichtteilsrecht (2006); *Umlauft,* Das ABGB und die Vermögensnachfolge von Todes wegen: Brennpunkt Pflichtteilsrecht, in *Fenyves/Kerschner/Vonkilch* (Hrsg), 200 Jahre ABGB – Evolution einer Kodifikation (2012) 69; vgl auch die Beiträge von *Welser, Krejci, Fischer-Czermak und Umlauft* in

改正は急務である。21世紀の現代社会および経済の要請に一般民法典を適応させることは、法を再び透明化し、法治国家の実現に寄与することになるであろう。

　法律は、記念碑ではなく道具である。あらゆる需要に応えなければならない。我々は、一般民法典に必要な現代化を施すことによってのみ、それが博物館の展示物となることを防ぎ、歴史上の起草者に負う尊敬を一般民法典に引き寄せることになる。

---

Bundesministerium für Justiz (Hrsg), 200 Jahre ABGB (2012) 63 ff.

# EU 法の諸原則と国内私法の発展
## ——2013 年 7 月 1 日に 28 番目の加盟国となったクロアチア——

タチアナ・ヨシポヴィッチ[*]

Ⅰ．はじめに
Ⅱ．28 番目の EU 加盟国となったクロアチア共和国
Ⅲ．交渉手続における私法のハーモナイゼーション（EU 化）
　1．EU における私法のハーモナイゼーション総論
　2．交渉手続におけるクロアチア私法のハーモナイゼーション
Ⅳ．ハーモナイゼーションのクロアチア私法への影響

---

[*] 本稿は、2010 年 11 月 8 日の中央大学講演および比較法雑誌 45 巻 1 号（2011 年）掲載の講演原稿に加筆修正したものである。

## I. はじめに

　クロアチア共和国は、2013年7月1日にEUの28番目の加盟国となった。クロアチアのEU加盟は、長年の加盟交渉の末であり、その過程において、特にクロアチアの法令が共同体法と調和させられた。EUは、2005年10月3日にクロアチアとの加盟交渉を開始し、クロアチアは、EU加盟申請国の地位を得た[1]。この地位を得るための手続は、2005年2月1日に発効した安定化・連携協定の締結によって始まった[2]。安定化・連携協定において、クロアチア共和国は、私法分野を含む自国の法令を共同体の総体系（acquis communautaire）に適応させる義務を負った[3]。この手続は、EUとの加盟交渉が開始した時、一段と加速した。その時からEU加盟までの間、クロアチアの私法は、共同体法に適応するため、重要かつほとんど革命的な一連の改正がなされた。

　適応の手続およびクロアチアの国内私法へのその影響は、極めて包括的かつダイナミックな出来事によって特徴づけられる。これらの出来事は、特にEUの複雑な規範体系およびEU法の制定に伴う複雑な構造の帰結である。クロアチア法の適応に特別な影響を及ぼしたのは、さらにEUにおける規範文書の制定が依拠する特別な諸原則、特にEUの権限を定めた諸原則および加盟国の国内法を調和させる法令の制定に関する諸原則（制限的な個別権限付与、補完性の原則、比例原則）である。

　これらのすべては、現加盟国だけでなく加盟申請国の国内私法の発展にも重

---

1) クロアチア共和国は、2003年2月21日、正式にEUへの加盟申請を行った。2004年4月、EU委員会は、クロアチアの加盟申請に好意的な意見を表明した。同年6月、EU理事会は、クロアチアの加盟申請国としての地位を承認した。
2) クロアチア共和国とECおよびEC加盟国との安定化・連携協定（Narodne novine ＝ NN〔官報〕国際条約 14/01）は、2001年10月21日に署名された。
3) 安定化・連携協定69条により、クロアチアは、協定への署名の日から、クロアチア法の共同体法への適応を開始する義務を負った。クロアチアは、既存の法および将来の法を共同体の総体系に漸進的に適応させることを約束した。

大な影響を及ぼす。すべての加盟申請国は、加盟交渉の段階から、自国の法令を共同体法に適応させるよう求められる。それゆえ、調和を定めたEUの諸原則は、自国の法を調和させる現加盟国の法だけでなく、加盟申請国の法にも影響を及ぼす。さらに加盟申請国の場合は、現加盟国が個々の法令を制定することにより段階的に受容した共同体の総体系のすべてを、比較的短期間のうちに受容するよう求められるので、その影響はより顕著であるとさえ言える。それがどのように加盟申請国において現れるのかは、EU加盟交渉がどのように行われるのか、また加盟申請国の国内法がどの程度、あらかじめ共同体法に適応しているのかにかかっている。

## II. 28番目のEU加盟国となったクロアチア共和国

　クロアチアは、1991年に（訳注：旧ユーゴスラビアから分離）独立した国であり、議会制民主主義を採用している。独立以来、クロアチアの最も重要な外交政策は、欧州統合への参加であった。クロアチアは、一連の政治的・経済的・法律的改革の後、2005年10月3日にEUとの加盟交渉を開始し、2011年6月30日に最後の4項目を完了することにより、これを終えた。クロアチア共和国は、2013年7月1日、EUに加盟した。EU加盟に先立ち、2011年12月9日、現加盟国との加盟協定に調印し、2012年1月22日、EU加盟に関する国民投票を実施し、その後、クロアチアおよび全加盟国が加盟協定を批准した。2012年1月22日に実施された国民投票では、有権者の47パーセントが投票し、うち66.27パーセントが賛成票、33.12パーセントが反対票を投じた（0.60パーセントは無効票であった）。国民投票の後直ちに、批准手続が開始した。クロアチアのEU加盟協定を最初に批准した加盟国は、スロバキアであった（2012年2月1日）。批准手続は、2013年6月7日のドイツの批准により終了した。その間に、クロアチア議会も、2012年3月9日にEU加盟協定を批准した。

　クロアチアとEUとの間の加盟交渉は、およそ5年以上を費やした。EU加盟交渉とは、加盟申請国がEUに加盟する条件に関する交渉である。交渉の目

的は、加盟申請国がEUの立法を受容し、その他の加盟基準を満たすことができるか否か、またどの程度それができるのかを判断することである。交渉が終了したら、加盟協定、すなわち、EU加盟国と加盟申請国との間の国際条約によって、加盟の条件が決まる。

　交渉の当事者は、EU加盟国および加盟申請国である。EUの側は、EU理事会の議長が代表を務め、加盟申請国の側は、自国の特命代表団が結成される。クロアチア代表団の構成メンバーは、2005年のクロアチア政府の特別決議によって決められた[4]。交渉団の構成は、クロアチア共和国のEU加盟交渉および加盟交渉の調整のための国家代表、クロアチアのEU加盟交渉チーム、各交渉項目、すなわち共同体の総体系の項目毎に交渉の準備をする作業チーム、交渉代表団の事務局、交渉チームの事務局からなる。外務・EU統合大臣をトップとする国家代表は、直接にEUの現加盟国および各機関との政治的な交渉を行う。交渉チームは、EUの総体系の項目毎に交渉の専門的かつ技術的な面を担当する。交渉チームのメンバーは、交渉の際に専門的な助言を行い、共同体の総体系の項目毎に交渉の準備をするための作業チームの作業を調整する。

　EUへの加盟は、EU、EUの機能およびEUの制度的枠組の根幹にあるすべての権利義務の受容を条件とする。交渉の重要な目的の一つは、加盟申請国にEUの立法を受容する能力があることを証明することである。加盟申請国が加盟国としてのその他の基準を満たす能力を有することも、まさにその一点にかかっている。その意味において、加盟申請国は、共同体の総体系の全要素（EU設立条約の第一次立法、規則・指令・決定・勧告・意見の第二次立法、ならびにEU裁判所の判例、一般法原則、国際条約、その他の文書など、他の法源）を受容しなければならない。

　この共同体の総体系は、35の項目に分けて、交渉がなされた。各項目の正式な交渉開始に先立ち、国内の法令と共同体の総体系との間の整合性の分析および判断（いわゆるスクリーニング）がすべての項目について行われた。交渉の

---

[4] 2005年4月7日のクロアチアのEU加盟交渉団の構成に関するクロアチア共和国政府の決議（官報49/05）。

過程では、項目毎に、EU法の各規定の受容および適用の前提条件および方法についても、交渉がなされた。あるいは、特定の項目について、EUの法的・経済的システムへの適応手続がどのように行われるのかが交渉された。すなわち、各加盟申請国は、EU加盟国の地位を取得するまでに、共同体の総体系をすべて受容し、これを実効的に適用できることを証明しなければならない。正当な理由により、個々の交渉項目について、EU法を完全に受容できない場合は、国内法の完全な適応のための、いわゆる経過期間の申請も認められている。この場合、EU加盟後の経過期間内に、国内法を完全に共同体の総体系に適応させ、施行すればよい。各項目について適応完了の条件（ベンチマーク）を満たしていると認定された場合は、暫定的完了が正式に決定される。交渉の最終結果は、加盟協定の諸規定において示され、この協定の（2013年7月1日における）発効によって、クロアチア共和国は、EU加盟国となった。

## Ⅲ．交渉手続における私法のハーモナイゼーション（EU化）

### 1．EUにおける私法のハーモナイゼーション総論

#### (1) EUにおける私法のハーモナイゼーションの諸原則

加盟交渉におけるハーモナイゼーションの極めて重要な課題の一つは、加盟申請国の私法を共同体の総体系の私法分野に適応させることである。共同体の総体系は、大部分が自由市場の創設および活性化を目的とする経済法である（労働者の自由移動、商品・サービス・資本の自由取引）。これらの目的の実現には、現代化した私法規定が必要である。私法は、EU法において、域内市場の活性化の条件を整えるために、特別な役割を果たしている。私法規範は、市場経済および取引の自由をもたらす私的自治および契約自由を実現するための基礎である[5]。私法が域内市場の法的規律において果たす特別な役割のゆえに、私法

---

5) Siehe *Basedow, J.*: A Common Contract Law for the Common Market, in: Common Market Law Review, 1996, 1178; *Schmid, Ch.*: Legitimacy Conditions for a European

の各分野は、より多くEUの活動への適応の対象となる。

　EUは、加盟国の国内私法秩序のハーモナイゼーションについては、極めて限られた権限を有するだけである。加盟国の国内私法秩序のハーモナイゼーションは、ほとんどの場合、EUの各機関がその権限の枠内で、かつ基本条約に定められた手続により制定した法的文書（規則、指令）に基づき、いわば「古典的な」方法で行われる。私法のハーモナイゼーションに関するEUの権限は、明示的に定められた範囲内に限定され、かつ域内市場の活性化のために必要な限りにおいてのみ行使することができる。それゆえ、私法のハーモナイゼーションに関するEUの権限は、第一次的に、域内市場の円滑な活性化を目的とするハーモナイゼーションについて権限を定めた基本条約の規定に基づいている[6]。域内市場の発展にとっての私法の意義に鑑みれば、私法のハーモナイゼーションの限界は、ほとんどの場合、共同体域内市場の創設および活性化、取引の自由および人の自由移動の実現、域内市場における競争の確立、ならびに共同体市場におけるEUのそれぞれの政策の実行という目的の実現によって決まる。これらの目的の実現のためには、一定の分野（消費者保護、労働者保護、運輸、環境保護など）に関する加盟国の私法のハーモナイゼーションが必要である[7]。

---

　　Civil Code, in: Maastricht Journal of European and Comparative Law, 3/2001, 281; *Rutgers, J.W.:* Free Movements and Contract law, in: European Review for Contract Law, 3/2008, 475; *Georgiades, A.:* Europäische Privatrechtsvereinheitlichung und nationale Rechtskulturen, in: Festschrift für Claus Wilhelm Canaris, München 2007, Band II, 604.

6)　EU条約（Vertrag über die Europäische Union = EUV, Konsolidierte Fassung des Vertrags über die Europäische Union, ABl C 2012, 326, 13)、EU運営条約（Vertrag über die Arbeitsweise der Europäischen Union = AEUV, Konsolidierte Fassung des Vertrags über die Arbeitsweise der Europäischen Union, ABl C 2012, 326, 47)。

7)　たとえば、EU運営条約114条、115条（ハーモナイゼーションの一般的権限）、18条1項・2項、19条1項、157条（差別の禁止）、46条、50条、53条、59条、62条（取引の自由）、67条～89条（人の自由移動）、91条、100条（運輸政策）、101条～103条（競争）、169条2項a号（消費者保護）、352条（補完的権限）参照。

ハーモナイゼーションの権限の行使は、EU 条約 5 条の制限的個別的権限の原則、補完性の原則および比例原則によって制限される[8]。制限的個別的権限の原則により、EU は、加盟国が基本条約に定められた目的の実現のために委譲した権限の範囲内でのみ行動できる。基本条約によって EU に委譲されなかった権限は、すべて加盟国が保持する（5 条 2 項）。他方において、それぞれのハーモナイゼーションの措置の妥当性、その程度および形態について、補完性の原則および比例原則により必要とされる条件も満たさなければならない[9]。補完性の原則により、EU は、自己の専権事項ではない分野においては、加盟国が中央集権的にも地域的ないし地方的にも、検討された措置の目的を十分に実現しておらず、むしろその規模ないし効果のためには、EU レベルのほうがより有効に実現できる限りにおいて行動できる（5 条 3 項）。比例原則により、EU の措置は、内容的にも形式的にも、基本条約の目的の達成に必要な程度を超えてはならない（5 条 4 項）。さらに、個々のケースにおいては、ハーモナイゼーションに関する各文書の作成について定められた特別な条件も満たさなければならない。その条件は、これらの文書の根拠となる EU 運営条約の各規定に定められている。

最後に、若干の場合における私法のハーモナイゼーションの限界は、一定の私法分野における EU 運営条約の適用を排除する同条約の特別規定に定められている。たとえば、同条約 345 条は、個々の加盟国の所有権制度、すなわち所有権法の適用を妨げないとする[10]。国内の所有権制度の規定、特に国有化や民営化は、EU 法により制限することができない。加盟国の国内所有権法上の規

---

8) Siehe *Schwarze, J.* (Hrsg.): EU-Kommentar, Baden-Baden, 2012, 1425; *Stresse, J.:* Die Kompetenzen der Europäischen Gemeinschaft zur Privatrechtsangleichung im Binnenmarkt, Baden-Baden, 2006, 111; *Schmid, Ch.:* (FN. 5), 282.

9) Siehe *Möstl, M.:* Grenzen der Rechtsangleichung im europäischen Binnenmarkt – Kompetenzziele, grundfreiheitliche und grundrechtliche Schranken des Gemeinschaftsgesetzgebers, in: Europarecht, 3/2002, 343.

10) Siehe *Calliess, Ch., Ruffert, M.:* Kommentar zu EU-Vertrag und EG-Vertrag, Luchterhand, 2011, 2702; *Schwarze, J.:* (FN. 8), 2563.

定については、EU条約は、完全に中立を保っている。EU運営条約345条（旧295条）により、加盟国の所有権制度に対するEU法の影響は、根本的に制限されている。その結果、国内の所有権法上の規定の各事項のハーモナイゼーションの可能性も、根本的に制限されている。

## (2)　加盟国の私法のハーモナイゼーションおよび発展の諸原則

　私法のハーモナイゼーションに関するEUの限定的な権限（EUの目的および政策の実現）は、EUにおける私法の発展の仕組みにも大きな影響を及ぼしている。EU私法の発展は、加盟国の国内法秩序における私法の発展とは全く異なった様相を呈している。すなわち、加盟国の私法体系に相当するような体系は存在しない[11]。さらにEU私法の発展は、必ずしも加盟国の私法の発展の場合にあるような支配的法文化に基づくものではない。EUの私法は、体系的ではなく、「場当たり的」なハーモナイゼーションによって発展する[12]。それは、市場における一定の障害が他の手段では除去できない場合に限られる。他方において、法のハーモナイゼーションは、法的伝統が根本的に異なる加盟国の様々な国内私法秩序間の妥協の産物であることが多い。通常、それは、単に一部の私法分野を調和させる断片的な調整をもたらすにすぎない。ほとんどの場合、ハーモナイゼーションは、特定の私法制度の個別的な特別規定または個々の私法制度のさらに部分的側面に止まる[13]。ハーモナイゼーションは、第一次的に

---

11)　Siehe *Kilian, W.:* Europäisches Wirtschaftsrecht, München, 2008, 6.

12)　Siehe *Roth, W.H.:* Transposing "Pointillist" EC Guidelines into Systematic National Codes – Problems and Consequences, in: European Review of Private Law, 6/2002, 765.

13)　この傾向は、たとえば、特定の消費者契約における消費者保護、労働関係における労働者の特定の権利の保護、若干の損害類型に関する賠償責任などについてのみ、特別の指令が制定されていることから分かる。Siehe *Wilhelmsson, T.:* Private Law in the EU: Harmonised or Fragmented Europeanisation?, in: European Review of Private Law, 1/2002, 80; *Basedow, J.:* Codification of Private Law in the European Union: the Making of a Hybrid, in: European Review of Private Law, 1/2001, 39.

は、契約法、消費者契約、市場競争、カルテル法、労働法、会社法、商事代理、倒産法、民事および商事の国際的裁判管轄、国際私法、知的財産法などのように、加盟国の領域における経済統合、取引自由の行使、人の自由移動に関係する私法分野に限定されている。

　EU における私法のハーモナイゼーションの基礎にある諸原則は、加盟国の国内私法秩序の発展にも、重大な影響を及ぼす。多くの場合、私法分野における指令の実施によって、国内私法の各分野の規定の内容は修正されるか、または拡張される。指令のレベルでは部分的にのみ規定されていた新しい私法制度も、指令の実施によって、国内私法秩序に編入されることが極めて多い。国内法秩序において新しい法制度を実施したり、個々の私法制度の特定の側面を断片的に実施することは、国内私法秩序の体系化を妨げる[14]。たとえば、指令によって規定された法制度ないし法制度の一部は、指令の実施によって国内私法の既存の体系に必ずしも完全に取り入れることができないために、問題を生じる[15]。また時として、このような法制度がもともと国内に存在しなかったり、国内法秩序の基本原則と根本的に相容れない場合にも、問題を生じる（たとえば、当該法制度が由来する法域に、それが実施されようとする国内法秩序が属さない場合）[16]。これらの指令を加盟国の国内法秩序において実施することにより、私法全体の体系から切り離され、EU 法の適用という特別な場合にのみ施行される独自の私法分野が生じてしまうことが多い[17]。

---

14）　Siehe *Basedow, J.:* (FN. 13), 38; *Schulte-Nölke, H., Schulze, R.* (Hrsg.): Europäische Rechtsangleichung und nationale Privatrechte, Baden-Baden, 1999, 15; *Smits, J.:* The Making of European Private Law, Antwerp, 2002, 11; *Micklitz, H.W.:* Review of Academic Approaches to the European Contract Law Codification Project, in: *Andenas, M.* u.a. (ed.): Liber Amicorum Guido Alpa – Private Law Beyond the National Systems, London, 2007, 703; *Roth, W.H.:* (FN. 12), 767-769.

15）　Siehe *Collins, H.:* The European Civil Code, Cambridge, 2008, 44.

16）　これを EU 法の「サプライズ効果（surprise effects, Jack-in-the-Box effects）」と呼ぶ者がいる。そこで言いたいのは、国内法秩序における EU 法の実施が不確実性および予見不能性の要素を持ち込む、ということである。Siehe *Wilhelmsson, T:* (FN. 13), 79.

以上の結果、各国内私法秩序における指令の実施義務を忠実に履行するならば、指令を実施するための国内規定の適用に伴い、他の多数の問題が生じてしまうことになる。指令を実施した後、その目的を実現する際に最も重要な問題は、まさに判例における実施措置の具体的な適用である[18]。私法分野の指令は、詳細かつ具体的な概念の定義が欠けていることが極めて多く、時には全く定義されていないか、極めて一般的にしか定義されていない法的基準が多数用いられている[19]。このような指令が実施された後、指令の法的基準に基づく個々の規定ないし実施規定を解釈する際には、実務上困難が生じ得る。他方において、実施規定の適用は、指令を直接に受容しなかった他の国内法規定の適用も実務上必要とするであろう。たとえば、特定の法制度を超えた法律関係全体のハーモナイゼーションが指令に規定されていない、という部分的ハーモナイゼーションの場合は、このようなことが起きるであろう（指令によって特定の消費者契約の特定の事項だけが規定されている場合など）[20]。法のハーモナイゼーションにおける断片的かつ選択的な方法は、実施規定を適用すべき国内の裁判所およびその他の官庁に対し、極めて困難な任務を突き付けることになるであろう。すなわち、当該紛争が各指令の適用範囲に含まれるか否かという判断に始まり、実施規定に加えて、いずれの国内法を補充的に適用するかという認定、さらには指令の目的に即した国内法の解釈という任務である。

---

17) Siehe *Rittner, F.:* Das Gemeinschaftsprivatrecht und die europäische Integration, in: Juristenzeitung, 18/1995, 851; *Schmid, Ch.:* (FN. 5), 286; *Collins, H.:* (FN. 15), 44.

18) Siehe *Gómez, F.:* The Harmonization of Contract Law through European Rules: a Law and Economics Perspective, in: ERCL 2/2008, 99, 105.

19) Siehe *Loos, M.B.M.:* The Influence of European Consume Law on General Contract Law and the Need for Spontaneous Harmonization, in: European Review of Private Law, 3/2007, 520; *Cafaggi, F.:* Which Governance for European Private Law?, in: EUI Working Papers LAW, 2007/26, 18.

20) Siehe *Basedow, J.:* Conflict of Laws and the Harmonization of Substantive Private Law in the European Union, in: *Andenas, M.:* (FN. 14), 183.

## 2. 交渉手続におけるクロアチア私法のハーモナイゼーション

### (1) 私法の漸進的ハーモナイゼーション

　クロアチア私法のハーモナイゼーションの手続は、すでに加盟交渉の開始前から始まっていた。法改正や EU 化の手続は、極めて早く、すでにクロアチア共和国の分離独立の時から始まった。最初は、クロアチアの私法をヨーロッパ大陸法、特に中欧のいわゆるゲルマン法系に再統合するための改正から取りかかった。しかし、そこに留まることはできなかった。個々の私法分野を最新の法律関係、すなわち経済のグローバル化やコンピュータ化に適応させるための改正が続けられた。クロアチア共和国が EU 加盟への道を目指してからは、第 2 の方向、すなわちクロアチア法の EU 法への適応に向けた私法改正も開始した。クロアチア私法の改正は、個々の私法分野を EU の基準に適応させるための改正および発展の長い道のりの始まりであった。

　第 1 の最も重要な改正の目標は、歴史的には 1945 年まで帰属していた法域にクロアチア私法を復帰させることであった。この改正は、1991 年のクロアチア独立と同時に開始した。その主たる目標は、私的所有だけでなく市場の自由に基づく新しい私法の創設であった。この改正は、すでに大部分が終了した。改正は、時間をかけて行われた。段階的に、特別法によって、個々の私法分野が規律されていった。クロアチアの立法者は、民法典の制定を決断しなかった。なぜなら、民法典の制定は、体系的および方法論的にアプローチすべき極めて複雑な長期の仕事になると考えたからである。しかし、新しい経済秩序への移行は、特に市場経済にとって重要な分野において、新しい規定を迅速に制定することを求めていた。そこでまず、市場経済の発展にとって、法律が最大の障害となっている分野の私法が改正された。新しい経済秩序にとって、最大の障害となっている私法分野（物権法、労働法、企業法など）では、根本的な改正が必要であった。従来の「社会主義的な」法律は、私法関係の規律に適していなかった。これらの法律は、全面的に廃止された。廃止されたのは、社会的所有、

自主管理社会主義団体[21]、経済の国家管理であった。これに取って代わったのは、自由な個人主義的概念、私的自治および私的イニシアティブに基づく新しい法制度であった。続いて、それほど経済的発展に影響を及ぼさない他の法分野（相続法、親族法など）が改正された。これらの特別法は、かなりの程度、オーストリア、ドイツ、スイスの私法の伝統に従っていた。

クロアチア私法をEU法に適応させる方向でのEU化も、独立後の早い時期に開始した。これが特に加速したのは、加盟交渉の正式な開始後であった。急速なハーモナイゼーションの手続は、クロアチアのEU加盟まで続いたが、加盟後も、加盟国としてクロアチアが負う義務に従って続けられている。

交渉のすべての項目毎に、EU法に適応すべき私法分野全体が「スクリーニング」にかけられた。スクリーニングによって、多数の私法分野がEU法との調整を要することが分かった。大部分は、会社法、消費者契約法、債務法、保険法など、市場の発展および活性化にとって重要な私法分野であるが、（物権法、

---

21) 〔訳注〕自主管理社会主義団体とは、旧ユーゴスラビア独自の自主管理社会主義を実施していた各団体である。それらは、連合労働基礎組織、労働組織、連合労働複合組織という三つの形態をとっていた。第1に、連合労働基礎組織（基礎組織）(Osnovna Organizacija Udruženog Rada = OOUR) は、最も基本となる最小の団体であり、旧ユーゴスラビア自主管理制度の中核となる最も重要な単位であった。労働者は、基礎組織において、自己の自主管理権を直接的に実現し、自己の経済的・社会的・政治的地位を決定した（憲法14条2項）。この基礎組織は、単独で存在することはできず、常に他の基礎組織と共に労働組織を構成した（連合労働法14条2項）。第2に、その幾つかの基礎組織が集まって構成された労働組織（Radna Organizacija = RO) がある。労働者は、労働組織内で基礎組織を形成し、またはこれを形成せずに労働組織内で直接的に結合した。そして、労働組織において、共同活動計画を立て、それに基づいて労働と資産を連合し、共同活動における相互関係、所得分配基準などを定め、相互連帯の原則により自己の経済的・社会的安定を確保した（連合労働法16条2項）。第3に、連合労働複合組織（複合組織）(Složena Organizacija Udruženog Rada = SOUR) は、労働組織の連合によって形成されるさらに大きな組織であり、その連合の態様により三つのタイプに区分された（連合労働法382条）。伊藤知義『ユーゴ自主管理取引法の研究』（北海道大学図書刊行会、1990年）6頁、15頁以下注 (14)、16頁注 (16)、18頁以下注 (22) 参照。この訳注については、伊藤知義教授本人から示唆を頂いた。

相続法、親族法、訴訟法など）EU域内の商品および資本の自由な取引ならびに人の自由移動に一定の影響を及ぼす他の法分野も含まれた。交渉の過程では、毎年1回、クロアチアは、自国の法令をEU法に適応させるための特別な計画書およびプログラムを作成した。この計画書には、EU法と多数の私法規定との調整も定められていた。

交渉期間中、EU法への適応により、EUにおいて効力を有するすべての指令および規則がクロアチア法に受容された。一般にハーモナイゼーションは、個々の指令をクロアチア法に取り入れるための特別法により行われた。この種の断片的なアプローチを採用したのは、何よりも比較的短い期間内に、EU法への適応を目的とした法令を制定しなければならなかったからである。ハーモナイゼーションは、ほとんどの場合、EU法とほぼ同じ内容の個別規定が特別法によってクロアチア法に取り入れられることにより実施された。既存の法令の修正および補充によって、指令が取り入れられることは、極めて稀であった。後者のような方法をとった場合は、一貫した法体系を維持するために、既存の法令の他の規定も、同時に修正および補充によって調整する手間がかかった。ほとんどの場合、指令を取り入れた法令は直ちに施行され、クロアチアがまだEU加盟国でないにもかかわらず、適用された。ただし、指令を取り入れた若干の法令は、EU加盟国になった後に適用される旨が規定されることがあった。

## (2) 個々の私法分野のハーモナイゼーション

### (2-1) 物 権 法

市場経済への移行に伴って、最大の変革がなされた私法分野の一つは、物権法である。物権法は、EU法への適応だけでなく、先進的な市場経済を有するヨーロッパ大陸法に追いつくためにも、新たな規定を必要とする。物権法の全面改正は、所有権およびその他の物権に関する法律（EDRG）によってなされた[22]。この法律は、1997年1月1日から施行されている。物権法は、オーストリア物権法にならっている。ただし、ドイツおよびスイスの物権法からも、幾

つかの規定を継受した（たとえば、動産取引における信頼保護、占有の客観的概念）。物権法の改正と同時に、登記簿の改正も開始した[23]。

　物権法改正の最も重要な前進は、社会的所有の廃止および私的所有への転換であった。EDRG の施行により、私的所有と社会的所有という二つの並行的な物権システムの二元主義は、完全に廃止された[24]。社会的所有は民営化され、私的所有に転換された（いわゆる社会的所有の転換）。社会的所有となっていた物は、私法上の所有権規定に服し、権限を有する知れたる所有者に返還された[25]。

　物権関係の規定は、再び現代ヨーロッパ法に伝統的な諸原則に基づくようになり、新しい不動産概念が導入された[26]。最も重要な変更は、不動産の法的一

---

22) Zakon o vlasništvu i drugim stvarnim pravima〔所有権およびその他の物権に関する法律〕、官報 91/96, 137/99, 22/00, 73/00, 114/01, 79/06, 141/06, 146/08, 38/09, 153/09, 143/12.

23) クロアチアの登記簿制度は、極めて長い歴史を持つ。登記簿は、早くも 1855 年に導入された。登記簿改正は、登記簿に関する新しい法律の制定（1997 年）によって、物権法の改正と並行して開始した。今日では、すべての登記簿の記載は電子化されており、インターネットによって、誰でも無制限に閲覧できる（http://e-izvadak.pravosudje.hr/home.htm）。

24) 集団主義的観点からは、物は集団（国家、社会など）に帰属した。多くの物、特に不動産は、社会的所有であった（建設用地、農業用地、森林、ビル、アパートなど）。社会的所有の物には、所有権が存在しなかった。ただし、様々な権利主体がこれらの物に対し一定の権利を有しており（利用権・処分権・管理権）、これらの権利は法的保護を受けていた。Siehe mehr in *Borić, T.:* Eigentum und Privatisierung in Kroatien und Ungarn, Berlin, 1996, 3, 48, 64-80.

25) 社会的所有の物に対する権利は、所有権に転換され、民営化前にこれらの物の利用権を行使していた者は、所有者となった。一定の種類の物（農業用地、林業用地など）については、様々な法律により社会的所有が終了したが、法律上当然にクロアチア共和国の所有物となることが明文で規定された。社会的所有の私的所有への転換は、社会主義法の導入後、国有化や差押えなどによって剥奪された一定の種類の物を、以前の所有者に返還することによっても行われた。Siehe mehr *Borić, T.:* (FN. 24), 184-200, 225-227; *Gavella, N., Borić, N.:* Sachenrecht in Kroatien, Berlin, 2000, 105-111.

26) 不動産とは、土地の表面または地下に比較的継続的に付着している物をすべて含む土地の表面的単位（土地台帳の単位）である（EDRG 9 条 1 項）。これに対して、

体性の原則（「地上物は土地に属する（superficies solo cedit）」という原則）の復活であった[27]。すべての不動産について、再び法的一体性の原則が適用されるようになった[28]。担保物権の新たな包括的規定も、物権法をヨーロッパの基準に適応させる重要な前進であった。債権の担保として重要な幾つかの担保物権が、より詳細かつ包括的に規定された。

　EU法とのハーモナイゼーションを目的とした物権法の改正は、EDRGの制定後も続いた。クロアチアの物権法は、まだ変革の途上にあった。これらの変革の大部分は、ますます加速化する商取引および市場経済の発展によって引き起こされた。若干の変革は、クロアチア物権法の共同体法への適応の産物である。これらのすべては、特に物権法の特定分野を規律する新しい特別法の制定をもたらした。

　より良い債権者保護およびより迅速な被担保金銭債権の取立ての必要から、担保物権法の分野では、特別な改正がなされた。EDRGによって規定された担保物権とは別に、特別法によって、新しい形態の担保権が導入された。これは、まさに全く新しい担保物権である。担保物権法における最大の改正は、動産および権利に対する担保物権を登録する特別な登録簿を導入する法律によってなされた。このようにして、段階的に動産および権利に対する登録担保権がクロアチア法に導入された。この傾向は、世界の大多数の現代法秩序、特に旧社会主義法諸国において、ますます顕著となっている[29]。

---

　　土地に一時的に付着している物（キオスク、スタンド、バラックなど）は、不動産の一部ではない。
27)　社会的所有の不動産には、法的一体性の原則はなかった。土地および建物または建物の一部は、所有権法上異なる取り扱いがなされていた。すなわち、土地は社会的所有であったが、建物または建物の一部（アパート、店舗など）は私的所有であった。
28)　社会的所有の時代に法的一体性の原則が廃止されていた不動産については、特別規定によって法的一体性が認められた。不動産の法的一体性は、EDRGの施行により法律上当然に成立した。すなわち、社会的所有の土地の上に設けられた建物の所有者は、その土地の所有者となった。Siehe *Gavella, N., Borić, N.*: (FN. 25), 108.
29)　2005年の動産および権利に対する裁判および公正証書による担保の登録に関す

最近のクロアチア物権法の EU 化は、EU 指令を実施するための新しい特別規定の制定によって分かる。2007 年 7 月には、担保指令[30]を全面的に実施するための法律が制定され、2008 年 1 月 1 日から施行された[31]。2005 年の債務関係に関する法律には、商事取引における支払遅延の防止に関する指令[32]が取り入れられ、特に支払遅延に対する売主の保全措置としての留置権（4 条）も規定された[33]。消費者保護に関する法律には、タイムシェアリング指令[34]が取り入れられた[35]。文化財の保護および保存に関する法律には、違法に加盟国の領域から持ち出された文化財の返還に関する指令[36]が取り入れられ、指令 12 条の抵触規定が受容された。それによれば、返還後の文化財の所有権は、請求国法により決定される。

共同体の総体系への特に重要な適応は、外国人がクロアチア共和国の不動産所有権を取得する要件に関する 2008 年の改正であった。安定化・連携協定 60 条の義務の履行として、EU 域内の自由資本移動に基づく諸原則（EU 運営条約 63 条）により、クロアチア共和国は、外国人の土地所有を EU 加盟国の国民および法人に対し自由化しなければならなかった。2009 年 2 月 1 日、EDRG を修正および補充する法律が施行された[37]。それによれば、不動産所有権の取得

　　　法律（官報 121/05）は、すべての流動的な動産および権利（株式、合名会社の持分など）に対する登録担保権ならびに登録譲渡担保を規定する。財産全体に対する特別な担保権（いわゆる浮動担保）も導入された。
30) 担保指令 2002/47/EC（欧州官報 L2002/168/43）。
31) 官報 76/07, 59/12。
32) 商取引における支払遅延の防止に関する指令 2000/35/EC（欧州官報 L2000/35/35; L 2009/146/37）。
33) 債務関係に関する法律 462 条以下参照。
34) タイムシェア契約、長期休暇向け商品に関する契約、再販売契約および交換契約の若干の側面についての消費者の保護に関する指令 2008/122/EC（欧州官報 L2009/33/10）。
35) 消費者保護法（官報 41/14）95 条〜 104 条参照。
36) 違法に加盟国の領域から持ち出された文化財の返還に関する指令 93/7/EEC（欧州官報 L1993/74/74; L 1997/60/59; L 2001/187/43）。
37) 官報 146/08。

について外国人に特別の要件を課した EDRG の規定は、EU 加盟国の国民および法人には適用されない[38]。これらの者は、クロアチア共和国の国民およびクロアチア共和国に本拠を有する法人の所有権取得と同一の要件のもとで、不動産所有権を取得する。2013 年 7 月 1 日の EU 加盟までは、この差別禁止規定は、安定化・連携協定の附則第 7 に掲載されたいわゆる遮断地域（自然保護地域、農業用地）には及ばなかった。要するに、EU の出身者にとって、2009 年 2 月 1 日からは、クロアチア共和国への不動産投資による国際的な資本取引について、差別的な制限は存在しておらず、EU 加盟以降は、さらに状況が改善された。2013 年 7 月 1 日以降も認められた唯一の例外は、農業用地の取得、すなわち、農業用地を法律行為により取得する場合だけである[39]・[40]。

### (2-2) 債 務 法

債務法の EU 法への適応も、ほとんどの場合、個々の指令を実施するための特別法の制定によって行われる。立法者は、個々の指令の実施と並行して、その内容を債務関係に関する法律における契約法の通則規定に取り入れることによって、債務法（特に契約法）の新しい一貫した体系を作り出すことはしなかった。立法者は、債務関係に関する新しい法律の制定手続と契約法分野の多数の指令の実施手続が並行して進んでいたにもかかわらず、その道を選ばなかった。

債務関係に関する新しい法律は、2006 年 1 月 1 日に施行された。これは、クロアチア共和国の一般債務法の主要な法源である。新法は、1978 年の債務

---

[38] クロアチア共和国では、外国人が相続により不動産の所有権を取得する場合は、相互主義が要件とされ、法律行為による場合は、相互主義および法務大臣の承認が要件とされる（EDRG354 条～358 条）。そこで、新設された EDRG358a 条は、これらの規定が EU の国民および法人には適用されない旨を定めた。
[39] 農業法（官報 39/13）2 条 2 項参照。
[40] 加盟協定では、農業用地について、経過期間が設けられ、EU 加盟から 7 年後まで差別規定の適用が延長された。加盟文書 18 条による附則 V「クロアチア共和国の EU 加盟に関する協定の経過措置」（欧州官報 L2012/112/60）参照。

関係に関する旧法の伝統に従っている。契約関係のいわゆる一元的規律は維持された。すなわち、当事者が商人であるのか、それとも他の私人であるのかを問わず、すべての債務・契約関係に同一のルールが適用される。

債務関係に関する新法[41]は、通則において、債権の諸原則、債務関係の成立、種類および効力、当事者の権利能力および行為能力を規定する。新法は、契約債務関係と契約外債務関係を別々に規定する。若干の契約（贈与契約、消費貸借契約など）は、クロアチアの実定法において初めて規定された。特に人格権[42]およびその保護が規定された。すべての自然人および法人は、法律に規定された要件のもとで、自己の権利の保護を求める権利を有する。債務関係に関する法律において特に新しい点は、損害賠償責任に関する規定である。本法は、契約前、契約上、契約外の損害賠償責任を明文で規定した。その際、過失推定の原則により損害賠償責任を負うというルールが維持された。ただし、過失の有無を問わず、絶対責任の原則により損害賠償責任を負う場合も、明文で規定された（危険物または危険な行為から生じた損害に対する責任など）。本法には、債務法に関係するが、消費者保護の分野に限定されない多数のEU指令が受容された[43]。これらの指令の幾つかは、包括的に受容されたが、その他の指令は、実

---

41) 官報 35/05, 41/08, 125/11。

42) 人格権とは、生命、心身の健康、容姿、名誉、尊厳、氏名、本人および家族のプライバシー、自由などに対する権利をいう。

43) 債務関係に関する法律には、以下の指令が取り入れられた。消費財の売買および保証の若干の側面に関する指令 1999/44/EC（欧州官報 L1999/171/12）、欠陥製品の責任に関する加盟国の法規定および行政規定を調整するための指令 85/374/EEC（欧州官報 L1985/210/29）、欠陥製品の責任に関する加盟国の法規定および行政規定を調整するための指令の改正指令 1999/34/EC（欧州官報 L1999/141/20）、パッケージ旅行に関する指令 90/314/EEC（欧州官報 L1990/158/59）、独立商事代理人に関する加盟国の法規定を調整するための指令 86/653/EEC（欧州官報 L1986/382/17）、商取引における支払遅延の防止に関する指令 2000/35/EC（欧州官報 L2000/200/35）、電子署名の共通枠組に関する指令 1999/93/EC（欧州官報 L2000/13/12）、域内市場における電子商取引などの情報企業のサービスの若干の法的側面に関する指令（電子商取引指令）2000/31/EC（欧州官報 L2000/178/1）。

体規定だけが受容され、手続規定は、関連の訴訟法規定によって実施されることになっている。

　債務関係に関する法律は、いわゆる消費者契約法を規定していない。本法は、個別に、消費者契約において消費者保護にもなる規定を置く（瑕疵担保責任など）。消費者契約は、消費者保護に関する特別法[44]に規定されている。個々の消費者契約に関するすべての指令が、一つの法律において実施されている。すなわち、消費者保護に関する法律には、個々の消費者契約における消費者保護に関する多数の指令があらゆる修正および補充を伴って受容された[45]。これによって、消費者の権利保護に関係するすべての指令が、クロアチア法に取り入れられたと言える。これらは、消費者保護に関する通則規定以外に、個々の消費者契約に関する特別規定も含む消費者保護に関する法律という一つの法律に取り入れられた。ただし、立法者は、個々の消費者契約に関する指令の内容をほとんど逐語訳して受容することにより、消費者契約に関する個々の規定を分断するアプローチを採用した。それゆえ、消費者と商人ないし企業の間のすべての契約関係に適用される消費者契約法の一般的体系は、今のところ存在しないと言える。消費者保護に関する法律は、EU 指令にならって制定された個々

---

44）　官報 41/14。
45）　消費者保護に関する法律には、以下の指令が取り入れられた。誤認を招く広告に関する加盟国の法規定および行政規定を調整するための指令 84/450/EEC（欧州官報 L1984/250/17)、隔地的契約の締結における消費者保護に関する指令 97/7/EC（欧州官報 L1997/144/19)、タイムシェア契約、長期休暇向け商品に関する契約、再販売契約および交換契約の若干の側面についての消費者の保護に関する指令 2008/122/EC（欧州官報 L2009/33/10)、消費者契約における濫用条項に関する指令 93/13/EEC（欧州官報 L1993/95/29)、消費者金融サービスの隔地的取引ならびに指令 90/619/EEC、指令 97/7/EC および指令 98/27/EC の改正に関する指令 2002/65/EC（欧州官報 L2002/271/16)、消費者の利益を保護するための差止訴訟に関する指令 98/27/EC（欧州官報 L1998/166/51)、事業者と消費者の間の域内市場取引における不公正な商慣行ならびに指令 84/450/EEC、指令 97/7/EC、指令 98/27/EC、指令 2002/65/EC および EC 規則 2006/2004 号の改正に関する指令（不公正商慣行指令) 2005/29/EC（欧州官報 L2005/149/22)。

の消費者契約規定を一箇所に集めたにすぎない。ただし、最近、立法者は、この方針さえも変更し、消費者金融に関する個々の新しい指令を特別法に取り入れ始めている。たとえば、2008年の新しい消費者金融指令[46]は、2009年の消費者金融に関する特別法[47]によって実施された。

　クロアチアの債務法をEUの基準に適応させることは、個々の契約に関するその他の様々な特別法の制定によってもなされている。これらの特別法は、部分的には、クロアチアの立法を共同体法に適応させた産物である。消費者保護に関する法律以外に、電子商取引に関する特別法として、電子署名に関する法律[48]および電子商取引（eコマース）に関する法律[49]が制定された。他方において、様々な契約類型（リース契約、借家契約、オフィスの用益賃貸借契約、航空運送および鉄道運送契約など）を規定した特別法も制定された。さらに、特殊な契約外損害賠償責任（環境損害、テロ行為やデモ行為による損害、原子力損害、国家賠償責任など）のように、様々な特別の債務法分野を規定する特別法も多数存在する。

### (2-3) 相　続　法

　私法のハーモナイゼーションにより、クロアチアでは、相続法の改正もなされた。原則として、EU法と直接に結びつくテーマではなかったが、クロアチアの立法者は、ヨーロッパ大陸法の最近の動向を受けて、相続法も現代化した。新しいクロアチア相続法は、2003年の相続法によって導入され[50]、それは、実体法だけでなく手続法も規定した。新しい相続法によって、クロアチアの相続法には、多数の新しい制度が導入された。これらの新しい制度によって、クロ

---

46)　消費者金融契約に関する指令 2008/48/EC（欧州官報 L2008/133/66）。
47)　官報 75/09, 112/12。
48)　官報 10/02, 80/08, 30/14。
49)　官報 173/03, 67/08, 36/09, 130/11, 30/14。
50)　官報 48/03, 163/03, 35/05, 127/13。〔訳注〕日本語による紹介としては、タチアナ・ヨシポヴィッチ（藤原正則訳）「クロアチア共和国の相続法」北大法学論集62巻1号103頁～135頁（2011年）がある。

アチアの相続法は、現代のヨーロッパ基準に適応させられた。

　新しい相続法の最も重要な新制度は、平等原則に関する諸規定に含まれている。平等原則の適用は拡大された。この原則によれば、すべての自然人（男と女、嫡出子と非嫡出子）は、同じ相続順位を付与されることにより、平等化されている。この原則は、外国人の相続権にも適用され、外国人は、相互主義を条件として、クロアチア共和国の国民と同じ相続順位が与えられる。さらに、平等原則は、親族法の最近の発展に従って、婚姻関係と婚姻外関係の相続順位の平等にまで広げられている。パートナー[51]は、法定相続分について、配偶者と同じ地位に置かれている。パートナーは、遺留分についても、被相続人の配偶者と同一の地位にある。なぜなら、最終的には、これが法定相続分の割合とみなされるからである。被相続人の配偶者が法定相続人となるすべての場合に、婚姻外のパートナーも同一の地位を得ることができる。

　手続規定に関する最も重要な変更は、遺産処理手続に関する管轄の変更である。すなわち、遺産処理手続の執行は、裁判所の執行官としての公証人に委ねられた。第一審裁判所だけでなく、裁判所執行官である公証人のもとでも、遺産処理手続ができるようになった。遺産処理手続では、公証人は、裁判所執行官として、すべての手続行為をすることができるし、法律に別段の旨が明文で定められている場合を除き、すべての決定をすることができる。この遺産処理手続の改正は、主に司法行政の改善および現代化について、加盟交渉の際にEUから寄せられた要請がきっかけであった。加盟交渉では、EU加盟手続の重要問題の一つが、必ずしも有効かつ迅速な個人の権利保護を保証しない極めて複雑な司法システムであることが確認された。それゆえ、司法手続を徐々に緩和して、公証人に一定の非訟手続の執行権限を委譲することが決定された。その第一歩が相続法であり、遺産処理手続の執行が公証人の管轄に委譲された

---

51)　相続法にいう婚姻外共同体とは、未婚の女と未婚の男の生活共同体であり、比較的長い期間継続し、被相続人の死亡により解消されるが、婚姻の実質的成立要件を満たしていたものをいう（相続法8条2項）。被相続人との生活共同体が継続的に解消されていた場合は、婚姻外パートナーは相続権を有しない（相続法25条3項）。

のである。これまでのところ、遺産処理手続は、極めて順調に処理されている。すなわち、遺産処理手続は、はるかにスムーズかつ効率的に行われるようになった。

## (2-4) 親 族 法

親族法の分野でも、最近のヨーロッパの動向にならって、重要な進展があった。クロアチア独立後に親族法を大きく変革するため、すでに2回全く新しい親族法が制定された。婚姻[52]、養子縁組および後見、夫婦財産関係などを規定する1998年の親族法は、すでに2003年の新しい親族法[53]によって廃止された。これらの法律では、すでに社会主義の時代に採用されていた嫡出子と非嫡出子の平等原則、ならびに婚姻および婚姻外のパートナー間の財産関係の規定は、そのまま維持された。親族法は、婚姻外関係の法的効力について、特別規定を置いている。これらの規定は、婚姻していない男女の生活共同体が3年以上続いている場合、またはそれより短くても、パートナー間に子どもが生まれている場合に適用される[54]。婚姻外パートナーは、婚姻外関係の終了後も、生計を営む十分な手段を有しない場合、自己の財産により生計を営むことができない場合、就労ができない場合、または失業している場合、かつての婚姻外パートナーに対し扶養請求権を有する[55]。男女の婚姻外関係は、財産法上の効力を有し、それについては、夫婦財産関係に関する親族法の規定が準用される。婚姻

---

52) 婚姻は、男女の合意に基づき、民事的または宗教的方式により挙行される。民事婚は、戸籍官吏の面前で挙行される。民事婚と同一の効力を有する宗教婚は、クロアチア共和国と婚姻の権限を分かつ宗教団体の長の面前で挙行される。かかる宗教的儀式は、民事婚と同一の効力を有し、国の身分登録簿に登録される（親族法6条～23条）。
53) 官報 116/03, 17/04, 136/04, 107/07, 57/11, 61/11, 25/13。
54) 親族法3条参照。
55) 扶養請求権は、当該婚姻外パートナーが婚姻した場合、および扶養を受けている婚姻外パートナーが新たな婚姻外パートナーシップに入ったか、請求権を有するに値しなくなったか、または請求権の要件を満たさなくなったと裁判所が認定した場合は、消滅する（親族法225条）。

外パートナーは、婚姻外関係の継続中に就労により得た財産、またはこの財産の収益から得た財産について、対等の共有関係にある。婚姻外パートナーは、共同で得た財産については、夫婦財産契約によって、別段の合意をすることができる[56]。新しい相続法により、婚姻外パートナーは、法定相続分についても、夫婦と同じ地位を得た。さらに、婚姻外パートナーは、債務関係に関する法律により、自己の婚姻外パートナーが死亡するか、または重度の障害が残った場合、非財産的損害の賠償請求権を有する（債務関係に関する法律 1101 条）。

2003 年の同性パートナーシップに関する特別法[57]により、同性パートナーシップの法的効力も認められるようになった。同性パートナーシップとは、婚姻または婚姻外の関係がないか、または他に同性パートナーシップを形成しておらず、すでに 3 年以上継続する二名の同性者間の生活共同体である。行為能力を有し、4 親等以内の直系または傍系の血族関係にない成人の生活共同体は、同性パートナーシップと認められる。その法的効力は、相互の扶養請求権、財産に関する相互関係の成立および清算に対する権利[58]、ならびに相互扶助の請求権に反映される。ただし、相互に法定相続権は有しない。

クロアチア共和国は、すべての差別禁止指令を実施した[59]。差別禁止指令は、

---

56) パートナーが婚姻外関係の開始時に所有していた財産は、特有財産のままである。パートナーが婚姻外関係の期間中に就労以外の手段（相続、贈与など）によって取得した財産も、特有財産である。

57) 官報 116/03。

58) パートナーは、所得について対等の共有者となる。パートナー間の財産関係は、現在ないし将来の所得および財産に関する財産契約によらせることができる。契約は書面により、かつパートナーの署名は認証を要する。同性パートナーシップに関する法律 11 条～ 20 条参照。

59) 財およびサービスへのアクセスならびに調達における男女平等原則を実現するための指令 2004/113/EC（欧州官報 L2004/373/37）、労働および雇用に関する男女の機会均等ならびに平等の原則を実現するための改訂指令 2006/54/EC（欧州官報 L2006/204/23）、雇用、職業訓練、昇進および労働条件に関する男女平等原則を実現するための指令 76/207/EEC を改正するための指令（欧州経済領域関連文書）2002/73/EC（欧州官報 L2002/269/15）、雇用および職業における平等を実現するための一般的枠組を設定するための指令 2000/78/EC（欧州官報 L2000/303/16）、

両性の平等に関する法律（2008年）[60]、差別の防止に関する法律（2008年）[61]および労働法（2004年改正）[62]により国内法化された。これらの法律はすべて、一定の分野における私人間の法律関係にも適用される差別禁止を定め、さらに差別に対する個人的（私法的）および団体的保護、差別による損害賠償および証明責任に関する特別規定なども含んでいる。以上のすべての法律は、差別禁止指令の修正および補充にも適応している。

### (2-5) 労　働　法

　労働法の改正は、1995年の労働法の制定に始まり、まさにEU法への適応のための頻繁な改正によって継続されてきた。労働関係は、労働契約に基づく特別な私法関係として規定された。労働関係は、労働契約によって成立する。労働法は、その強行的内容を規定する[63]。労働法に規定されていない労働契約および集団契約の締結、法的効力、終了またはその他の問題については、契約法の通則規定が補充的に適用される。労働関係の法的規律の重要な手段としては、さらに使用者ないし使用者団体および労働者ないし労働者団体の間の集団契約がある。労働法によれば、集団契約は、特に労働関係の成立・内容・終了、経営協議会や社会保険に関する問題、その他の労働関係分野の問題を規律する。労働立法の改正に伴い、健康保険および年金制度の改正もなされている。多数の社会問題の解決に結びつく年金基金および健康保険基金の民営化も、進行中である。

　同時に、労働法は、EUの諸規定に適応させられた。EU法に従った労働法の修正および補充により、多くの新しい制度が導入された。すなわち、差別に

---

　　人種または民族的出身の区別なき平等原則を適用するための指令2000/43/EC（欧州官報L2000/180/22）。
60)　官報82/08。
61)　官報85/08, 112/12。
62)　官報137/04。
63)　労働法12条、12a条、12b条、13条参照。

対する保護、直接的または間接的な差別の禁止、ならびにセクシュアル・ハラスメントなど、あらゆるハラスメントに対する労働者の保護である。使用者が倒産した場合の労働者の保護は、EU 指令に従った特別法により規定されている。1995 年以来の頻繁な労働法の修正および補充ならびに更なる EU 法への適応の必要性から、立法者は、2009 年に新しい労働法を制定することにした[64]。新しい労働法では、従来のハーモナイゼーションの過程で修正された多数の労働法規定が相互に調和させられた。さらに、その間に制定された新しい指令への適応も、多数の労働法規定によってなされた。

### (2-6) 手　続　法

クロアチア私法と EU 法のハーモナイゼーションの手続において、最大の要求事項の一つは、司法の実効性の改善および私権のより良い迅速な保護を目的とした手続法の改正である。そのため、実体法規定の改正に続いて、手続法の改正がなされている。この改正は、様々な分野に及んでいる。まず、民事訴訟法および執行法の分野において、EU 法適用の基礎となるような規定が手続法に取り入れられた[65]。これらの規定は、EU 加盟の時に初めて施行されるが、クロアチアは、すでに加盟交渉において、自国の手続法を EU の諸規則に適応させる義務を負っていた。他方において、私権の有効かつ迅速な保護のためのより良い環境を整えること、および未処理の裁判の迅速な処理を目的として、手続規定は、常に修正および改正がなされている。これらの手続法（民事訴訟法、執行法など）における新しい制度は、裁判手続を迅速化すること、当事者の訴訟規律を強化すること、訴訟追行権の濫用を防ぐこと、送達を改善すること、証明負担を軽減すること、訴訟当事者の代理に関する修正を行うこと、不

---

64) 官報 149/09, 61/11, 82/12, 73/13。
65) 少額債権のための欧州手続を導入するための EC 規則 861/2007 号（欧州官報 L2007/199/1)、欧州督促手続を導入するための EC 規則 1896/2006 号（欧州官報 L2006/399/1)、争いのない債権のための欧州債務名義を導入するための EC 規則 805/2004（欧州官報 L2004/143/15）など。

服申立ての規定を修正することなどを目指している。

　注目すべきであるのは、公証人およびその他公的に信頼の置ける者への権限の委譲により、裁判所の負担を軽減しようとしていることである。たとえば、相続法により、遺産処理手続は、公証人の管轄に移された。執行法により、執行手続も公証人に委ねられた。公証人法により、公証人は、訴訟手続を経ることなく、直接に執行を申し立てることのできる公正証書の作成権限が与えられた。公証人法によれば[66]、公正証書は、当事者が合意できる一定の履行義務を確定し、債務の履行期が到来した場合は、債務の履行を実行するために、この証書により、直接に執行ができるという債務者の意思表示を定めている限りにおいて、債務名義とされる。2012年10月15日からは、新しい強制執行法が施行されている[67]。これにより、一定の債権（金銭債権など）の執行は、財務管理機構、すなわち、国家の支払業務機関に委ねられたので、執行手続が一段と効率的かつ迅速になった。

　さらに、司法の負担軽減を目的として、仲裁手続ないし調停手続による裁判外紛争解決に関する新しい手続法（仲裁手続に関する法律、調停手続に関する法律）[68]が制定され、実務では、ますますこれらの手続によって紛争が解決されている。当事者は、自由に処分できる権利に関するすべての紛争の解決について、国内仲裁廷の管轄を合意することができる。渉外事件については、当事者は、クロアチア共和国の領域外に所在する仲裁廷を選択することもできる[69]。仲裁廷の仲裁判断は、紛争当事者に対し、確定判決と同一の効力を有し[70]、こ

---

66)　官報78/93、29/94、162/98、16/07、75/09。
67)　官報112/12、25/13。
68)　官報88/01、163/03、70/09。2011年には、新しい調停法が制定された（官報18/11）。
69)　仲裁手続に関する法律3条参照。
70)　仲裁判断の取消訴訟は、仲裁合意の無効、当事者の仲裁合意の能力に関する瑕疵、クロアチア法上の仲裁適合の欠如、仲裁判断がクロアチアの公序に反することなど、制限的に列挙された事由がある場合にのみ認められる（仲裁手続に関する法律36条）。

れに基づき、直ちに執行を申し立てることができる。

## Ⅳ. ハーモナイゼーションのクロアチア私法への影響

　クロアチア共和国は、加盟交渉によって、私法を EU 法に適応させることについて、大きな進展をなし遂げた。これまでのクロアチア私法の適応プロセスは、極めてダイナミックであった。法規範のレベルにおいて、多くのことが達成された。今や私法分野における共同体の総体系は、クロアチア法に取り入れられている。クロアチアは、EU 法の改正に応じて、自国の立法を改正する義務もきちんと履行している。指令を取り入れた法令は、指令の修正に応じて修正されるか、または修正および補充がなされた指令または新しい指令をクロアチア法に取り入れるための新しい法令が制定される。

　このようにダイナミックな EU 法とのハーモナイゼーションの影響は、他の加盟国の場合と同様である。一方において、クロアチアの私法がハーモナイゼーションによって現代化し、市場経済に適応するようになったことは、疑いの余地がない。クロアチア法は、個々の私権に対し、以前よりも良好かつ効率的な保護を与えている。適応以前は、全く保護されていなかったか、または一般的なレベルでしか保護されなかった個々の法益が、今はより有効な保護を受けている。EU 法にならって、個々の権利の保護要件、権利の内容、保護を実現するための新しい訴訟制度（消費者保護、差別に対する保護、労働者保護、団体訴訟、集団的保護など）が明示的かつ詳細に規定された。

　他方において、ハーモナイゼーションに際し、クロアチア私法においても、他の加盟国と同様の問題が見られる。すなわち、私法の断片化・分断化・複雑化である。その理由は、他の加盟国の私法の場合と同じである。EU のハーモナイゼーションの管轄について定められた諸原則（限定的な個別権限の原則、補完性の原則、比例原則）は、他の加盟国の私法に影響を及ぼしたのと同様に、クロアチア私法の断片化にも影響している。指令に定められた新しい法制度は、しばしば既存の私法体系に馴染まないことがある。これは、特にヨーロッパ大

陸法の伝統に起源を有しない法制度（ファイナンス・セキュリティー、タイムシェアリングなど）に当てはまる。これらをクロアチア法に取り入れることによって、一体的な私法体系とは切り離された特別な私法分野が成立する。指令の実施は、既存の私法制度に根本的な変革を迫ることも多い。新しい EU の法技術によって、私法秩序の根幹をなす伝統的な諸原則の適用がしばしば制限される。さらに、私法、商事法、執行法、倒産法などの様々な規定に対し、立法者の極めて包括的な介入が必要とされることも多い。その結果、個々の法令間の序列関係は、変更を余儀なくされる。一定の権利の保護や行使に際して、異なる優先順位が付与される。私法関係について、原則として同一の価値を保護する一連の並列的な規範体系が作り出される。これらの体系の幾つかは、すべての私法関係について保護を与えるが、別の幾つかは、一定の種類の法律関係についてのみ保護を与える。これらの並列的な体系が与える保護は、相互に重複することも多い。実務では、いずれの法律が適用されるのか、またいずれの法律が優先するのかを決定することが、極めて頻繁に難しくなる。その際に、一般規定と特別規定の不整合が理由となって、問題が生じることもある。人的・事項的適用範囲の画定においても、問題がある。これらのすべてが、既存の法令の適用および解釈に対し、別の種類のアプローチを求める。最後に、私法関係における一定の価値を保護するために（消費者、労働者などの弱者保護、差別に対する保護など）、私法の強行規定と任意規定の関係も、根本的に変更を余儀なくされた。

　さらにクロアチアは、ハーモナイゼーションの手続において、独自の問題を抱えている。それは、一般にすべての新しい加盟国（その大部分は旧社会主義国）が私法のハーモナイゼーションの手続において抱える問題である[71]。クロアチア私法を EU 私法に適応させる手続における独自の問題は、適応のための期間が極めて短いことから生じた。また、指令の目的および内容、ならびにそれを

---

71) ハンガリー、リトアニア、ルーマニアにおける私法のハーモナイゼーションの詳細については、*Varul, P.* (Hrsg.): Developments in European Law: European Initiatives (CFR) and Reform of Civil Law in New Member States, Tartu, 2008, 133, 145, 153, 163 u.a.

加盟国において実施する形態を分析するための体系的な方法が欠けている。一部は、個々の指令を実施する省庁間の連携の欠如および立法権限の複雑な分配にも原因がある。ほとんどの場合、指令の実施は、文言どおりの内容の受容ないし指令の翻訳で終わる。その際に、各私法分野の体系的な調整は行われない。

　クロアチアがまだEU加盟国となっていなかった時には、指令を取り入れた法令の実務上の適用解釈が特別な問題として存在していた。加盟国の裁判所は、EU条約（4条3項の誠実な協力原則）に基づき、国内法をEU法と調和的に解釈し、国内法がEU法に反する場合は、常にEU法を優先的に適用する義務を負っている（共同体法優先の原則）。これは、EUの第一次立法（設立条約）がすべての加盟国の領域内において直接に効力を有するからこそ、可能となっている。しかし、加盟申請国には、これが当てはまらない。国内法を共同体法に従って解釈する義務を負わせる設立条約は、クロアチアでは、まだ効力を有していなかった。このような理由から、EU加盟まで、クロアチアの裁判所は、指令を取り入れた国内法を適用する際に、これをどのように解釈すべきであるのか、また国内法において、指令の目的を完全に実現するために障害がある場合、どのように対処すべきであるのかを、極めて頻繁に迷っていた。それゆえ、実施規定の完全な効力は、クロアチアが2013年7月1日にEU加盟国の地位を得た後に、やっと認められることになった。

　最後に、指令の国内実施は、私法全体の改正における体系的な方法を必要とする。これは、すでに安定的な私法秩序を有する他の加盟国にとってさえ、困難な課題であり、ましてやクロアチアのように、新たに私法秩序を整備した国にとっては、なおさらである。それゆえ、加盟交渉によって私法のハーモナイゼーションの義務をすべて履行し、EU加盟国となった今、私法規範の新たな調和的体系を作り出すため、私法全体の再法典化の課題がクロアチアを待ち受けている。

# 19世紀以前のグルジア法の歴史

ギオルギ・ツェルツヴァーゼ[*]

  Ⅰ．グルジアの地理的位置と歴史的概観
  Ⅱ．欧州におけるグルジア旧法の研究
  Ⅲ．立　　　法
   　1．立 法 作 業
   　2．グルジアの法源
   　3．グルジア法に対する外国法の影響
   　4．法書の規範力
  Ⅳ．行　　　政
  Ⅴ．司　　　法
  Ⅵ．判例と法書の関係
  Ⅶ．物　権　法
  Ⅷ．債　務　法
  Ⅸ．団　体　法
  Ⅹ．親族法・相続法
  Ⅺ．結　　　語

---

[*]　本稿は、2013年1月14日の中央大学における講演原稿に加筆修正したものである。〔訳注〕グルジア語の文献は、原著では、ドイツ語訳のみで引用されているが、本書では、グルジア語の原文および書名（論文タイトル）の日本語訳を掲載した。

## Ⅰ．グルジアの地理的位置と歴史的概観

　グルジアは、最も古いキリスト教国の一つであり、ロシアとトルコに挟まれ、黒海の東岸、コーカサス山脈の中にある。グルジアの国としての歴史は、3000年前までさかのぼる。古いグルジアの部族が集まって設立された国家統一体の存在の証は、古代ギリシアおよびペルシアの史料に見出される。4世紀には、キリスト教が国教とされ、ギリシア正教徒は、今日に至るまで、国民の大半を占める。

　発展の頂点は、12世紀のグルジア王朝時代である。約130年の間、グルジアは、西南アジア最強の国であり、近隣諸国の文化および経済の発展に多大の影響を与えた。

　15世紀の終わりに、統一グルジア王国が崩壊し、18世紀末頃、ロシアに併合された。ロシアは、グルジア政府を解体し、グルジアをロシア帝国の保護領とした。グルジアは、1918年から1921年にかけて一時的に独立を回復したが、その後、再びロシアに占領された。

　1991年にようやくグルジアは再び独立国となったが、1992年から2008年にかけて3回にわたり、ロシア連邦との間に大きな戦争が勃発した。今日もなお、グルジア領の20パーセントは、ロシアの軍隊に占領されている。

## Ⅱ．欧州におけるグルジア旧法の研究

　19世紀末から20世紀初頭にかけて、欧州の研究者は、グルジアの旧法を再発見し、熱心に研究し始めた。ロシアおよび欧州の比較法制史の研究者は、ヴァフタング6世（Wachtang Ⅵ）の法書の新規性および独自性を強調する。この法書は、18世紀初頭に作成されたが、多数の古い法制度および古代グルジアの慣習を含んでおり、特に比較法研究者の関心を引き付けた。

　1828年、ロシア皇帝は、ヴァフタング6世の法書をロシア語に翻訳するよ

う命じた。ロシア語の翻訳者は、古いグルジア法の用語を解していなかったが、特にフランスの東洋学者の関心は高く[1]、たとえば、ロドルフ・ダレスト（Rodolphe Dareste）は、ヴァフタング6世の法書の意義について、グルジアだけでなく世界中の法制史研究にとって重要であると書いた[2]。

英国の研究者にして旅行家であったオリバー・ワードロープ（Oliver Wardrop）は、グルジア語に堪能であり、ヴァフタング6世の法書を英語に翻訳した。ワードロープは、次のように力説する。「この膨大な立法は、欧州では、伝聞だけでその存在が知られている。しかし、比較法研究者にとっては、極めて興味深い。ヴァフタングの名を冠する大法典は、18世紀の王子によって編纂されたが、グルジア民族の最古の慣習に基づいており、大いにアッシリア研究者の関心を引き付けることであろう」[3]。

1934年から1939年にかけて、ストラスブール大学教授のジョゼフ・カルスト（Joseph Karst）は、ヴァフタング6世の法典に収められたグルジア法文書のフランス語訳および注釈書5巻を出版した。著者によれば、その本は、原文をもとに執筆され、パリの国立図書館に保管されているとのことである（Code géorgien du roi Wachtang VI, Strasbourg, 1934-1937）[4]。

ソ連邦が国境を閉鎖した20世紀後半以降は、欧州の研究者にとって、グルジア法文書への学問的なアクセスは不可能となった。そのため、グルジア法制史に対する欧州の研究者の関心は、明らかに減少した。

---

1) *doliZe, isidore* (red); qarTuli samarTlis Zeglebi, tomi I, vaxtang VI samarTlis wignTa krebuli〔グルジア法のモニュメント第1巻ヴァフタング6世の法書〕, saqarTvelos mecnicrebaTa akademiis gamomcemloba, Tbilisi, 1963, gv. 672-673.
2) *Rodolphe Dareste,* Etudes d'histoire du droit, Paris, 1889.
3) Laws of king George V of Georgia, surnamed "the Briliant" translated by *Oliver Wardrop,* Journal of the Royal Asiatic Society, July, 1914, p.607-610, in: *doliZe, isidore* (red); qarTuli samarTlis Zeglebi, tomi I (FN 1) gv. 674.
4) *doliZe, isidore* (red); qarTuli samarTlis Zeglebi, tomi I (FN 1) gv. 675.

## III. 立　　法

### 1. 立法作業

　「サマルタリ（samartali）」および「ウプレバ（upleba）」という概念は、ドイツ語では、グルジア語と異なり、「Recht」という言葉だけで表される。グルジアで広まった概念は、むしろ英語に対応しており、そこでは、「law」および「right」という二つの言葉が区別され、それらは、ドイツ語では、「objektives Recht」および「subjektives Recht」という概念に対応する。すなわち、グルジア人は、「Recht」について二つの相異なる概念を有していた[5]。

　かつてグルジアの立法は、完全に王制と結びついていた。王は、必要な法規範の制定について全権を握っていた。すべての公文書は、王による法規範の決定を証明していたが、王がそれを一人で行ったわけではないことも明らかにした。バグラト・クラパラティ（Bagrat Kurapalat）の法書の断片（11世紀）およびルイス＝ウルビニシ（Ruis-Urbnisi）の法典（1103年）は、王がいわゆる「立法集会」を招集し、世俗界だけでなく宗教界の領主も出席したことを示している。14世紀に作成されたサムツヘ（Samckhe）のベーカ（Beqa）侯およびアグブガ（Agbuga）侯の法書も、これを証明する。

　ヴァフタング6世は、法書の起草について、特別な教育を受けた男たちからなる特別委員会が存在したことを直入に述べている。委員たちは、慣習法に造詣の深い長老を聴聞した。立法作業は、普遍的な法規範だけでなく具体的な問題も扱うことができた。これを証明するものとして、「盗賊捜査機関」の創設に関する法律がある。同様の内容は、1590年にシモン（Simon）王が公布した勅書に見られる。それは、海賊の逮捕および刑罰に関する規則を定めていた[6]。

---

5) *javaxiSvili, ivane;* qarTuli samarTlis istoria, Txzulebani Tormet tomad, tomi VI〔グルジア法の歴史（全12巻）第6巻〕, tomis redaqtori isidore doliZe. mecniereba, Tbilisi, 1982, gv. 29.

6) *doliZe, isidore* (red); qarTuli samarTlis Zeglebi, tomi I (FN 1); *doliZe, isidore* (red);

## 2．グルジアの法源

　断片的ではあるが、今日までに確認された最古のグルジアの法源は、11世紀にまでさかのぼる。それによれば、グルジア王朝の立法作業の痕跡は、さらにそれ以前にも見出される。今日までに確認されたグルジアの法文書は、次のとおりである。

1．バグラト王の法書の断片（11世紀）
2．ルイス＝ウルビニシの教会会議の議事録。これは、建国者にして最強の王・ダヴィド4世（David IV）が1103年に召集した教会会議の議決集である。この議決集は、グルジアの国家および教会の強化に極めて大きな貢献をした。
3．「王朝の協約」。これは、憲法および行政法の法令集であり、国の管理に関する規則を細部に至るまで定めている。13世紀に作成されたと推定されている。
4．ギオルギ5世（Giorgi V）の立法「輝き」。これは、東グルジアの山岳民族の法典である。その目的は、深刻な状況にあった犯罪の抑制にあった。
5．ベーカ侯およびアグブガ候の法書。これは、刑事法および民事法の立法であり、南グルジアの封建領主がその支配領域に適用するため14世紀に制定した。
6．キリスト教徒の法。これは、14世紀のグルジア最大の領主が作成した法書である。この法書は、人身売買およびその他キリストの教えに反する犯罪行為を禁止した。
7．カルトリ（中央グルジア）の王ヴァフタング6世が18世紀に編纂した法典。これは、従来のすべての法書ならびに刑事法および民事法の新しい規

---

qarTuli samarTlis Zeglebi, tomi II, vaxtang VI samarTlis wignTa krebuli〔グルジア法のモニュメント第2巻ヴァフタング6世の法書〕, saqarTvelos mecnierebaTa akademiis gamomcemloba, Tbilisi, 1965.

定を含む。
- 8．ダストゥルラマリ（Dasturlamali）。これは、同じくヴァフタング6世が編纂した国法および行政法の法令集である。
- 9．ダヴィド・バトニシュヴィリ（David Batonishvili）（王の息子）の法典。これは、東グルジアの王位継承者の法書である。1798年から1800年にかけて編纂されたが、東グルジアがロシアに併合されたため施行できなかった。

　大部分が聖職者であったグルジアの注釈学者は、グルジア法の発展に大いに寄与した。彼らは、多数の法書や文献を翻訳しただけでなく、それらに注釈を付することも重要と考え、様々な法制度について独自の極めて重要な見解を表明した。彼らの高い社会的地位により、これらの注釈は、法律に準ずる効力を有し、実務で頻繁に適用された[7]。これらの注釈学者のひとりであるエクティメ・アトネリ（Eqvtime Atoneli）は、11世紀に債務法の諸問題を深く研究し、これに関する長編の注釈書を執筆した。

### 3．グルジア法に対する外国法の影響

　外国の法文化がグルジア法に影響を及ぼしたのは、グルジアの地理的位置に理由があった。それゆえ、「グルジアが外国法の継受に秀でている」のは[8]、偶然ではない。

　ハハーナシュヴィリ（Khakhanashvili）教授およびソコルスキー（Sokolsky）教授は、ギリシア・ビザンチン法がグルジア法に極めて強い影響を及ぼしたと述べている。ビザンチン帝国の崩壊後も、正教会諸国に対するビザンチン法の影

---

- 7) *javaxiSvili, ivane;* qarTuli samarTlis istoria, tomi VI (FN 5) gv. 46.
- 8) *Коркунов, И.М.;* Лекции по Общей Теории Права〔一般法理論講義〕, СПБ, 1898, c. 281. Vgl. auch *zoiZe, besarion;* qarTuli samarTali rogorc evropuli samarTlis nawili (istoriul-samarTlebrivi aspeqti) krebulSi: samarTlisa da politikuri azrovnebis narkvevebi, wigni I〔欧州法の一部としてのグルジア法（法制史的側面）『法政策的思考論集第1巻』所収〕, meridiani, Tbilisi, 2012, gv. 309.

響は、弱くなるどころか、むしろ強くなった[9]。

　特に注目すべきであるのは、グルジアにおいて成立した法書が単に外国の法文書をコピーしたのではなかったことである。グルジアの立法者の対応は、極めてユニークであった。イスィドレ・ドリゼ（Isidore Dolidze）は、外国の法書をヴァフタングの法書と比較した結果、モーセの書ならびにギリシアおよびアルメニアの法書が当時のグルジア法であっただけでなく、ヴァフタング6世の法書の重要な法源としても利用されていた、という結論に達した。ヴァフタングの法書の編纂にあたり、委員会は、外国の立法をグルジアの実情に合わせ、必要な編集を加えて利用した。これらの外国法は、長く使われることにより、グルジアの国内法となった[10]。

## 4．法書の規範力

　11世紀から16世紀にかけて作成された法書の規範力および効力範囲は、特に表題および内容から明らかであった（たとえば、ベーカ侯およびアグブガ侯の法書がサムツへの封建領主の支配領域においてのみ効力を有したこと、ギオルギ5世の法典が特に東グルジアの山岳民族のために編纂されたことなど）。ただし、ヴァフタング6世の法典については、見解の対立があり、特に注目を集めている。この法典の一部は、グルジアの法書と外国語（シリア・ギリシア語、アルメニア語、ヘブライ語）の法書を編纂したものであったからである。ヴァフタング6世の法典は、11世紀から14世紀までのグルジアの法書を含むため、各箇所の関係および規範力は、今日なお争いがある。さらに、ヴァフタング6世は、様々な民族が様々な時代に発展させた法規範を単に編纂するだけでは満足せず、独自の「法」を200か条以上追加したので、研究を困難にしている。そのため、王が自ら創造した法にどのような役割を与えたのか、また法書のこの箇所は他の箇所に優先するのかという問題がさらに生じる。

　法書の規範力の問題が不明確である理由の一つは、18世紀のグルジアの社

---

9)　*doliZe, isidore* (red); qarTuli samarTlis Zeglebi, tomi I (FN 1) gv. 638-639.

10)　*doliZe, isidore* (red); qarTuli samarTlis Zeglebi, tomi I (FN 1) gv. 638.

会的・政治的状況にもあった。ヴァフタングは、グルジアの一部を支配したにすぎず、他の王国に法書の影響を及ぼすことはできなかった。

「ヘブライ法入門の著者によれば、ヴァフタングの法書にある法規範の多くは、グルジアにおいて通用していなかったが……、自ら起案した規範は、優先的に適用されるべきであるとされていたことから……、ヴァフタングの法書の規範力に関する見解が裏付けられる。この著者は、古い法が不十分であると言っているのではなく、それよりもヴァフタングの法がグルジアの現実に適していたと考える。なぜ後法が優先するのかは、時代とその状況に理由がある」[11]。

法書の序文によれば、裁判官は、最初にどの規定が事案に最も適するのかを調べ、次に法書の中に見出した箇所について判断すべきであるとされる[12]。ヴァフタングの法書204条の結語は、この法書の優先を認める。そこでは、さらに、外国語の法書は、外国民族の生活様式および習慣のために書かれたものであり、それゆえヴァフタングの法書は、グルジアの実情に最も適することが強調されている[13]。

ホルダック（Holldack）というドイツ人の研究者によれば、ヴァフタングの法だけが規範力を有していた。この編纂物に収められたその他のグルジア語および外国語の法書は、単にヴァフタングの法書を補充するにすぎない（Holldack, Zwei Grundsteine zu einer grusinischen Staats- und Rechtsgeschichte, 1907 S. 97, 102）。ホルダック以前にも、ハクストハウゼン（Haxthausen）が同じ見解を述べていた。すなわち、ヴァフタングがその編纂物に収めたギリシア語およびアルメニア語のモーセの法は、グルジアでは、補助的な法として、ヴァフタングの法では十分でない事案の解決について使われるだけであった（Haxthausen,

---

11) *vaCeiSvili, aleqsandre;* narkvevebi qarTuli samarTlis istoriidan, tomi I〔グルジア法史論集第 1 巻〕, stalinis saxelobis Tbilisis saxelmwifo universitetis gamomcemloba, Tbilisi 1946, gv. 14.

12) *vaCeiSvili, aleqsandre;* narkvevebi qarTuli samarTlis istoriidan, tomi I (FN 11) gv. 14.

13) *vaCeiSvili, aleqsandre;* narkvevebi qarTuli samarTlis istoriidan, tomi I (FN 11) gv. 15.

Transcaucasia, II, 1856, S. 282)[14]。

　J・カルスト（Karst）というフラン人の研究者によれば、ヴァフタングの法書自体が主要な効力を有しており、その他のグルジア語の法書は、ヴァフタングの法書において無効とされていない限りで、第1順位の補充法としての効力を有した。外国語の法書も、補充的な効力を有したが、第2順位であった[15]。

　イワネ・スルグラゼ（Ivane Surguladse）によれば、ヴァフタングの編纂物に収められたグルジア語の法書は、規範力を有しなかった。ただし、スルグラゼは、自ら別の箇所において、編纂物が助言者の役割を果たしているとも述べている[16]。

　グルジア旧法の研究者として著名なワチェイシュヴィリ（Watscheishvili）教授によれば、三つの可能性がある。

1．ヴァフタング6世は、各箇所に同じ効力を認めた。裁判官は、より良いと判断した規範を適用すればよい。この可能性は、法書の序文からも分かる。
2．ヴァフタングは、自己の法書がグルジア社会の特性に最も合っているとして、これにのみ規範力を与えた。この見解は、204条の附則に基づく。
3．ヴァフタングは、自己の法書が強行的に適用されるべきであると考えるが、そこで考慮されていない他の規範で編纂物に収められているものを適用する余地を裁判官に認めていた[17]。

　ワチェイシュヴィリ教授は、第3の可能性に続けて、次のとおり述べる。すなわち、ヴァフタング王は、自己の法書が最もグルジアの生活様式に適するの

---

14)　*doliZe, isidore* (red); qarTuli samarTlis Zeglebi, tomi I (FN 1) gv. 638.
15)　*doliZe, isidore* (red); qarTuli samarTlis Zeglebi, tomi I (FN 1) gv. 638.
16)　*doliZe, isidore* (red); qarTuli samarTlis Zeglebi, tomi I (FN 1) gv. 640.
17)　*vaCeiSvili, aleqsandre;* narkvevebi qarTuli samarTlis istoriidan, tomi I (FN 11) gv. 18.

で、これに規範力を付与した。他の法書は、実定法の補充として補助法源の機能を果たした。それゆえ、ヴァフタングの法だけが当時の現行法であったわけではない。ヴァフタングの法は、優先するが、裁判所は、必要である場合は、編纂物に収められた他の法も援用してよいとされた。

イスィドレ・ドリゼによれば、ヴァフタングの法書の目次は、そこに含まれるすべての法書が裁判において適用されると考える理由となる。しかし、事案に該当する判例ないし法規範がグルジア語の法書および外国語の法書の両方にある場合、裁判官は、最も適する規範を選ぶが、ヴァフタングの法書を優先した。該当する規範がグルジア語の法書にない場合は、外国語の法書を適用した[18]。

極めて高い蓋然性をもって、ワチェイシュヴィリ教授およびドリゼ教授の見解は、当時の判例も証明するものであったと思われる。ヴァフタングの編纂物に収められた外国法がグルジアにおいて効力を有していたことは、王位継承者であるダヴィド・バトニシュヴィリも証言する。彼は、グルジア最後の王である父ギオルギ13世（Giorgi XIII）の命を受け、極めて長編の詳細な法書を作成した[19]。

ヴァフタング6世の法書は、それほど強い効力を有していたので、ロシアは、併合から半世紀後にやっとそれを廃止することができた[20]。ロシア帝国にとっては、国家としてのグルジアの解体のほうが法書の解体よりも容易であった。

## Ⅳ. 行　　政

立法権と行政権は、グルジアにおいて分離されておらず、お抱え貴族が王宮において行政職に従事した。王宮に務める大臣の数は、時代により異なり、5

---

18) *doliZe, isidore* (red); qarTuli samarTlis Zeglebi, tomi I (FN 1) gv. 652.
19) *doliZe, isidore* (red); qarTuli samarTlis Zeglebi, tomi I (FN 1) gv. 652.
20) *vaCeiSvili, aleqsandre;* narkvevebi qarTuli samarTlis istoriidan, tomi I, (FN 11) gv. 23.

人から 7 人の間で変動した。最も位の高い大臣は、「ムツィグノバルトウフツェスィ（Mtsignobartukhutsesi）」であった。彼は、同時に大司教であり、グルジアの最も古い司教区の一つを世俗的にも支配した。彼は、国王の父とも第一大臣とも呼ばれた。後に統一グルジア王国が崩壊した時、この制度も廃止され、ムツィグノバルトウフツェスィという職は、お抱え貴族のリストから消えた[21]。

　グルジアの国王たちは、絶対的権力の保持および強化を追及したが、しばしば貴族および教会との関係において譲歩したり、権力を行使するだけでなく駆け引きを行うことを余儀なくされた。

　たとえば、1178 年のギオルギ 3 世（Giorgi III）に対するグルジア教会の自由の要求および 1185 年のタマラ（Tamar）女王（グルジア初の女王）の絶対支配に反対するクツル・アスラン（Kutlu Aslan）党の登場があった。強い国王たちが常日頃から臣下を弱い層から取り立て、仕事を任せたりしたら[22]、16 世紀ないし 18 世紀の欧州と同様に、グルジア政府は、絶対的権力など持ち得ない。この意味では、グルジア政府は、民主的であった。これは、むろんグルジアの国王たちが自ら望んだことではなく、教会および世俗領主の長年の権力の結果であった。国王たちは、しばしば彼らに対し強く出ることができず、妥協せざるを得なかった。

## V. 司　　法

　「王宮の協約」によれば、ムツィグノバルトウフツェスィの最も重要な役割は、司法権の行使であり、それは、いつも月曜に法廷において行われた。「法廷」は、グルジアにおける最高裁判所であり、ムツィグノバルトウフツェスィは、そこで最終審という重要な役目を果たした。他の曜日には、他の裁判官の

---

21)　*javaxiSvili, ivane;* qarTuli samarTlis istoria, tomi VI (FN 5).
22)　*javaxiSvili, ivane;* qarTuli samarTlis istoria, Txzulebani Tormet tomad, tomi VII〔グルジア法の歴史（全 12 巻）第 7 巻〕, tomis redaqtori isidore doliZe. mecniereba, Tbilisi, 1984, gv. 120-127.

指揮下で裁判手続が行われ、原告または被告の側に不服がある場合は、審理が月曜まで延期され、ムツィグノバルトウフツェスィ自らが事件を審理した。

ムツィグノバルトウフツェスィは、国のナンバー2であり、一応、司法権を有していた[23]。しかし、事件が重要かつ難解であり、他の裁判官およびムツィグノバルトウフツェスィが判断できない場合は、いわゆる「王の議会＝サメポ・ダルバジ（samefo darbasi）」において判決が言い渡された。通常、この場合は、議会の会期が開かれ、世俗界および宗教界の領主が出席し、議決には全会一致が必要とされた（バグラト4世は、11世紀にこのような方法で事件の一つを判断した）[24]。

裁判の判決は、グルジアでは、宗教的、文化的、言語的な背景の異なる裁判官会議だけが下すことができた。たとえば、タマラ女王が行った裁判手続はユニークであった。事件は、二人のアルメニア司教が高価な十字架を争ったものであった。訴訟指揮は、ムツィグノバルトウフツェスィが行ったが、裁判官会議には、グルジア人だけでなく数人のアルメニア人およびイスラムの聖職者も加わった[25]。このように多文化的および多宗教的な法廷の構成は、大いに注目に値する。なぜなら、当時の欧州では、皆無または極めて稀なことであったからである。

さらに注目すべきであるのは、グルジア教会の最高位であるカトリコス総主教の司法権が独立していたことである。古いグルジアの法書（たとえば、ヴァフタングの法書）においては、しばしば「カトリコスが自己の権利を行使する」という表現が出てくる。法律は、カトリコスを拘束せず、罰則の選択や判決に際し、絶対的な自由をカトリコスに認めていた[26]。

---

23) *javaxiSvili, ivane;* qarTuli samarTlis istoria, tomi VII (FN 22) gv. 341.
24) *javaxiSvili, ivane;* qarTuli samarTlis istoria, tomi VII (FN 22) gv. 342.
25) *javaxiSvili, ivane;* qarTuli samarTlis istoria, tomi VII (FN 22) gv. 343.
26) *vaCeiSvili, aleqsandre;* narkvevebi qarTuli samarTlis istoriidan, tomi II〔グルジア法史論集第2巻〕, stalinis saxelobis Tbilisis saxelmwifo universitetis gamomcemloba, Tbilisi 1948, gv. 52-53.

民事裁判は、訴えの提起により開始した。裁判手続では、証拠の提出が必要であった。三人の証人が裁判所で同じ証言をした場合は、その証言が法律上有効とされた。証拠調べの後、両当事者の弁論があり、その後に裁判所が判決を言い渡した[27]。標準的な証拠方法以外に、よく使われ、かつ重要であったのは、宣誓である。宣誓した場合の虚偽の陳述は、重大犯罪であったので、実際には、極めて稀であった。宣誓を証拠方法として使えるのは、男の特権であった。ヴァフタング6世の法書によれば、女は、裁判所に訴えを提起することができたが、宣誓を行うことはできなかった[28]。またグルジアの首都トビリシでは、宣誓は、証拠方法として使われなかった[29]。その理由は、住民の多文化的および多民族的構成にあったと思われる。おそらく宣誓について様々な意見があったからであろう。

## VI. 判例と法書の関係

　封建制時代のグルジアの貴族は、絶対的な裁判権を有していたわけではなかった。自由な社会的地位を有する者は、誰でも国家の裁判所に訴えることができた。ただし、国家の裁判所の管轄および権限は、社会的および政治的な状況の変化に応じて異なっていた。特に興味深いのは、ヴァフタング6世が判例の発展のために定めたルールであり、それは、今なお研究者の間で評価に争いがある。

　最初に注目すべきであるのは、度々ヴァフタングの法書に基づいて下された18世紀および19世紀の判決文である。それらは、ヴァフタングの法書が現行法であり、法律としての効力を有することを明言している。ヴァフタングの法

---

27) *javaxiSvili, ivane;* qarTuli samarTlis istoria, tomi VII (FN 22) gv. 385-387.

28) *vaCeiSvili, aleqsandre;* narkvevebi qarTuli samarTlis istoriidan, tomi II (FN 26) gv. 46-47.

29) *vaCeiSvili, aleqsandre;* narkvevebi qarTuli samarTlis istoriidan, tomi II (FN 26) gv. 75.

書の規範力は、王によって効力が認められたグルジア古来の法に主に由来する点にあった[30]。

　法書と判例がどのような関係にあったのかを知るためには、特にヴァフタングの法書の構成に注目する必要がある。それは、二部構成である。最初の204か条は、最終結論で終わり、法技術的によく練られており、体系化され、一般規範の性質を有する。これに対し、続く条文は、具体的な事案に関するものであり、法技術的にも不完全であって、後に追加されたことが明らかである。最初の204か条の最終結論は、裁判官に対し、法書を完成させ、新たな規範を創造する権限を認めていた。この点は、ぜひ述べておく必要がある。

　学説では、立法者が裁判官に規範創造の権限を与える例に出会うことは、極めて稀である[31]。「なぜ自ら法書を作成したヴァフタングが裁判官に対し、様々な時代の様々な民族の生活から生まれた規範を使う権限を与えたのかは、現代の法思考にとって理解し難いことである。現代の法思考によれば、それは、全面的に禁止されるであろう。しかし、今日の学問体系および法概念の枠に収まらないことも、昔は許されていたことを忘れてはならない」[32]。このように裁判官は、自己の職務の際に新しい規範および新しい法を創造する権限を有していた[33]。彼らは、新しい規範において自由に自己の創造性を発揮することができた。

　このように自由かつ柔軟な立法者の姿勢により、法書は、ヴァフタングが司法権を行使した領域において有効であっただけでなく、他の独立の侯爵領も法書を利用する可能性が生じた。当時の欧州の君主は、裁判官に対し、新しい規範の創造どころか、自由な解釈さえも禁止していた。この点において、グルジ

---

30)　*doliZe, isidore* (red); qarTuli samarTlis Zeglebi, tomi I (FN 1) gv. 641.

31)　*vaCeiSvili, aleqsandre;* narkvevebi qarTuli samarTlis istoriidan, tomi I, (FN 11) gv. 21.

32)　*vaCeiSvili, aleqsandre;* narkvevebi qarTuli samarTlis istoriidan, tomi I, (FN 11) gv. 19.

33)　*vaCeiSvili, aleqsandre;* narkvevebi qarTuli samarTlis istoriidan, tomi I, (FN 11) gv. 20.

ア法は、大陸法の思考方法とは全く異なっていたと結論できる。判例と法律の関係に対するヴァフタングの姿勢は、むしろ英法に近似している。そこでは、裁判官は、既存の法規範が新しい時代の要請に応えることができないと判断した場合は、自ら具体的な法規範を創造することができた。

## Ⅶ．物　権　法

　土地所有権は、法的に特別な扱いを受けていた。貴族たちは、土地を「世襲財産として」所有することができ、その使用期間は無制限であった。法律は、土地所有権の相続も認めていた。さらにもう一種類の「財産取得」があり、それは、人が自己の能力および労働により収得した所有物であった。夫婦別産制により、所有権は、常に取得者に帰属した[34]。同じ法原則は、購入した所有物にも適用された。所有者は、自己の財産を任意の方式で他人に譲渡することができ、何人もこれを妨げることはできなかった（たとえば、法定相続人である自己の息子でさえも、これを阻止することはできなかった）[35]。

　グルジアの旧法は、不動産（土地）と動産の区別も行っていた。農民が所有できるのは、動産だけであった。農民は、土地を所有せず、かつ所有できなかった[36]。グルジア私法は、戦争に敗れた敵から所有物を奪うことを所有権取得の方法として認めていた[37]。

---

34）　*vaCeiSvili, aleqsandre;* narkvevebi qarTuli samarTlis istoriidan, tomi III〔グルジア法史論集第3巻〕, stalinis saxelobis Tbilisis saxelmwifo universitetis gamomcemloba, Tbilisi 1963, gv. 100-101.

35）　*vaCeiSvili, aleqsandre;* narkvevebi qarTuli samarTlis istoriidan, tomi III (FN 34) gv. 100-101.

36）　*doliZe, isidore;* Zveli qarTuli samarTali〔グルジア旧法〕, stalinis saxelobis Tbilisis saxelmwifo universitetis gamomcmeloba, Tbilisi 1953, gv. 151.

37）　*doliZe, isidore;* Zveli qarTuli samarTali (FN 36) gv. 152.

## Ⅷ. 債 務 法

「私法分野において、債務法の研究については、極めて少ない資料しか得られない。……そのため、多数の問題が未解明であり、全体像を再現することは不可能である」[38]。

グルジアの旧法は、取引の無制限の自由を認めていた。すべての自由人は、任意の流動資産の所有権を取得することができた。所有権の譲渡は、契約条項の履行により行われた。これを履行しない場合は、契約が解除され、売主は、買主に損害を賠償しなければならなかった。さらに、有責者は、再取得価格の10分の1を支払わなければならなかった[39]。売買契約に違反して履行遅滞に陥った者は、違約金を支払わなければならず、契約上の義務の履行を免れることはできなかった[40]。特筆すべきであるのは、書面による売買契約では、契約条項を証明する証人も指名されたことである[41]。私法上の効力を生じる文書の方式および内容は、すべて事前に法定されており、約束の遵守は、義務であった[42]。財産を詐取する目的での文書の偽造は、過去のグルジアにおける大問題の一つであったが、政府の対策は、あまり功を奏しなかった[43]。

売買取引以外にも、信用供与および利息の支払（ギオルギ5世の法書は、利息を良くないものとしていたが、実際には頻繁に利息が支払われていたので、国王は、年利20パーセントという極めて高い利息を上限とせざるを得なかった。修道院のティピコン〔定款〕は、利息の支払を禁止し、修道士に相応しくないものとしていた）、寄託、保証などの契約が大いに発達した。寄託契約の役割は特に重要であった。また

---

38) *javaxiSvili, ivane;* qarTuli samarTlis istoria, tomi Ⅶ (FN 22) gv. 309.
39) *doliZe, isidore;* Zveli qarTuli samarTali (FN 36) gv. 159.
40) *javaxiSvili, ivane;* qarTuli samarTlis istoria, tomi Ⅶ (FN 22) gv. 320-321.
41) *javaxiSvili, ivane;* qarTuli samarTlis istoria, tomi Ⅶ (FN 22) gv. 309.
42) *javaxiSvili, ivane;* qarTuli samarTlis istoria, tomi Ⅶ (FN 22) gv. 304-307.
43) *doliZe, isidore* (red); qarTuli samarTlis Zeglebi, tomi Ⅱ (FN 6) gv. 616-617.

債権者が保証人を信用する場合は、保証金を要求しなかった[44]。

　グルジア法は、「ジンディ（Zindi）」と称する履行確保の手段を認めていた。スルハン・サバ候によれば、担保という言葉は外来語であり、グルジア語でそれに相当するのは、「ジンディ」であった。「ジンディは債務の人質である」と述べている。担保債権者は、担保の目的物を使用する権利を有した。収穫物など、土地から得られたその他の果実を利得できた。ただし、債務の履行後も債権者が土地を返還しない場合は、土地だけでなく、土地の占有から得られた果実も返還する義務を負った[45]。

## IX. 団 体 法

　グルジアの教会および修道院は、その内部組織の詳細を明らかにしている点に大きな特徴があった。それらは、独自の定款、ティピコン（Typikon）を有していた。多くの場合、修道院の創設者および寄進者は、自らティピコンを作成した。著名な寄進者の一人として、ビザンチンの防衛大臣、グレゴール・パコウリアノス（Gregor Pakourianos）がいるが、彼は、1083年にブルガリアにおいてグルジア修道院を創設し、自らそのティピコンを作成した。

　教会以外の独立の組織としては、商人頭が統率する商人団体も挙げられる。商人頭は、他の大商人と共に、国との関係および店舗の片づけに責任を負っていた。さらに、国への献上に関する規則を制定した。商人および官僚は、共同して物価の安定に努め、一定の関税を定めた。関税を定めた後は、商人は、自己の才覚によりつつ、かつ規則を遵守して、自由に取引をすることができた[46]。

---

44）　*javaxiSvili, ivane*; qarTuli samarTlis istoria, tomi VII (FN 22) gv. 321-334.
45）　*doliZe, isidore*; Zveli qarTuli samarTali (FN 36) gv. 180-181.
46）　*javaxiSvili, ivane*; qarTuli samarTlis istoria, tomi VI (FN 5) gv. 236-237.

## X．親族法・相続法

　グルジアの親族法および相続法がユスティニアニス法典（Codex Iustinianus）に基づいていることは、16世紀に書かれた訳本が証明している。訳本は、難解な教会用語で書かれていた。そこでは、尊属および卑属の親族関係および相続関係が規定されていた[47]。

　グルジア相続法に対するビザンチン相続法の影響は、極めて大きかったが、大きな違いもあった。たとえば、グルジア法では、年長の息子（Majorat）および年少の息子（Minorat）のいずれの場合も、相続に制限がない[48]。相続財産は、息子たちの間で次のとおり分配された。すなわち、年長の息子は、年長者のために定められた相続分を受け取り、年少の息子も、年少者のために定められた相続分を受け取った。女の相続権は、極めて制限されていたが、完全に除外されていたわけではない。父の死後に既婚の娘だけが生存している場合、土地の相続権はなく、それは国王のものとなった[49]。特に娘が一人っ子である場合は、そうであった。傍系および卑属は、被相続人と同居していた場合に限り、相続権が認められた。法定相続は、相続の最も重要な形態と考えられていたので、遺言による相続は、あまり発展しなかった[50]。

---

47)　*doliZe, isidore* (red); qarTuli samarTlis Zeglebi, tomi II (FN 6) gv. 611-612.

48)　〔訳注〕20世紀までのドイツ各地では、長男が一子相続人となる長子制（Majorat）、または末子が一子相続人となる末子制（Minorat）が採用されていたが、グルジアでは、そもそも一子相続制が採用されなかった。一子相続制については、中川善之助＝泉久雄「相続法序説」同編『新版注釈民法(26)相続(1)』（有斐閣、1992年）26頁以下参照。

49)　*vaCeiSvili, aleqsandre;* narkvevebi qarTuli samarTlis istoriidan, tomi III (FN 34) gv. 118-119.

50)　*zoiZe, besarion;* Zveli qarTuli memkvidreobiTi samarTali (SedarebiT-samarTlebrivi gamokvleva)〔グルジア旧相続法（比較法研究）〕, upleba, Tbilisi, 2000, gv. 339-340.

## XI. 結　語

　グルジアの法文化は、何世紀にも渡り、内容および形式の両面において、原型のままであった。ここに表れた法規範は、グルジアの地理的位置により、東方（主にイスラム諸国）の影響を受けただけでなく、西方（主にギリシアやキリスト教国）の影響も受けたものであった。しかし、他方において、グルジア法は、その独自性を保っていた。グルジア人の日常生活に対する独自の法規範の影響は、極めて大きく、ロシアによるグルジアの併合後も、ロシア法が取って代わることはできなかった。現に、1830年代にグルジアに派遣されたロシアの裁判官は、私法事件において、グルジアの旧法を援用したのである。

# 1926年以降のトルコの近代化における西欧法の継受
―― 特にスイス民法典の継受 ――

バシャク・バイサル*

 I. はじめに
 II. 概　　説
 III. 他の法分野における継受
 IV. スイス民法典の継受
 V. トルコによるスイス民法典継受の特性
 VI. 1926年以降の改正と新しい民法典
 VII. おわりに

---

\* 本稿は、次の本に所収された同名の既発表論文を加筆修正したものである。
*Kieser, Hans-Lukas/Meier, Astrid/Stoffel, Walter* (Hrsg.); Revolution islamischen Rechts: Das Schweizerische ZGB in der Türkei, Chronos Verlag, Zürich 2008, S. 159-168.

## I. はじめに

　欧州において近年注目すべきテーマは、間違いなく共通私法成立の可能性である。後世の私法学者たちは、今世紀を法統一の世紀ないし普通法（ius communes）への回帰が議論された世紀と称するであろう。スイス民法典がトルコに継受され、トルコ社会をこれに適応させたプロセスは、共通法典の制定にとって重要な先例となるに違いない。結局のところ、共通法の成立は、共通法典の施行だけでは不十分である。世界の最も優秀な私法学者が集まって、このような法典を起草したとしても、それぞれの社会の間に文化的な違いは残る。最大の問題は、法典の制定ではなく共通の法文化の確立である[1]。ただし、法典の施行自体が法文化の確立に役立つことについては、トルコ民法典が良い例である。ケマル主義革命の後に世俗的な欧州の法典を受容し、法体系を変革したトルコでは、法典への適応のプロセスが比較的スムーズに進んだ。これは、共通の理性の賜物である法典への社会の適応が十分に可能であることを再確認するものである。本稿では、トルコにおける適応のプロセスを歴史的に解明したい。

## II. 概　　説

　1926年は、トルコ私法の将来を変える二つの法律、すなわち、トルコの民法典および債務法が成立した年である。これらの法律は、実質上、スイスの民法典および債務法を翻訳したものであった。欧州法の継受は、トルコに限った話ではないが、トルコの場合は、大きな特徴がある。以下では、最初にトルコの革命と継受のプロセスの関係を取り上げ、次にトルコ法の特性およびその理由を明らかにする。

---

1) *Bussoni, Mauro/Mattei, Ugo;* Le fond commun du droit privé européen, in: R.I.D.C. 1-2000, S. 29-48 (S. 44).

トルコ革命後の継受の動きは、特に19世紀にあった従来の継受のプロセスと共通の側面を有する。すなわち、これらの動きの共通の原動力は、近代化および「西欧化」であった。しかし、これは、トルコ共和国において「近代化」と呼んでいたものと同じ意味ではない。革命後は、世俗化がこの概念の不可欠な要素となった[2]。この根本的な相違の帰結は、法の統一である。19世紀の革命前の継受は、国家法の分断を意味した。しかし、1926年以降の継受の動きは、世俗的な基礎に立った法の再統一を意味した。新しい共和国では、生活関係は、国家レベルで、かつ統一的に規律されるべきであり、これは、国全体における法の統一を前提とした。それゆえ、世俗的な民法典は、社会関係の核に関わるから、近代化の中心に位置する[3]。

資本主義的な生産体制および産業社会への移行は、法律の整備を必要とする[4]。それゆえ、法律革命をいうとしたら、1921年および1924年の憲法よりも1926年のトルコ民法典が思い浮かぶ[5]。これは、当然のことである。民法典は、生産関係、財産関係、家族関係の法的基礎をなすからである。

タンジマート（Tanzimat）の時代には、私法は、最も近代化運動の影響を受

---

2) *Zwahlen, Mary;* L'application en Turquie du Code civil reçu de la Suisse, in: ZSR 1976, S. 249-264 (S. 249).

3) *Kubalı, H. Nail;* Les facteurs déterminant de la réception en Turquie et leur portée respective, in: Annales de la Faculté de Droit d'Istanbul, N. 6, 1956, S. 44-52 (S. 44); *Zwahlen, Mary;* Les écarts législatifs entre le droit civil turc et le droit civil suisse, in: ZSR 1973 I, S. 141-186 (S. 146). 著名な作家であり、かつ文部大臣であるハサン・アリ・ユジェル（Hasan Ali Yücel）は、民法典の継受とトルコの近代化の関係について、次のとおり明言した。「西欧法の継受は、文明化の受容である。特に家族法の受容は、文明生活の将来を担う」。*Öztan, Bilge;* Türkisches Familienrecht nach 70 Jahren ZGB, in: *Scholler, Heinrichs/Tellenbach, Silvia* (Hrsg.); Westliches Recht in der Republik Türkei 70 Jahre nach der Gründung, Baden-Baden 1996, S. 85 ff. (S. 86).

4) *Papachristos, A.C.;* La réception des droits privés étrangers comme phénomène de sociologie juridique, 1975, S. 24.

5) *Serozan, Rona;* Cumhuriyet ve Medeni Kanun〔共和国と民法典〕, in: İstanbul Üniversitesi (Hrsg.); Cumhuriyetin 75. Yılı Armağanı〔共和国75周年記念論文集〕, İstanbul 1999, S. 748-750.

けない分野であった[6]。メジェッレ（Mecelle）は、基本的に債務関係を規律し、イスラム法に基づく法律であった。家族法などのその他の私法分野は、立法化されておらず、完全にイスラム法によっていた[7]。

トルコ革命は、イスラム的な法原則の完全な撤廃を必要とした。それゆえ、民法典も、世俗的な考えに基づくべきであった。その意味では、第1委員会の準備作業は、不十分であった。この作業の目的は、妥協を図ることであり、シャリーアと西欧法の原則との折衷を目指していたが[8]、これは、トルコの近代化の理念とは相容れなかった[9]。さらに、社会に対するイスラムの影響を増大しかねない妥協には、宗教国家への逆戻りを予感させるものがあった[10]。結局のところ、現行のイスラム法を改正するのではなく、世俗法を全面的に受け入れるべきであるという意見が大勢を占めた。経済発展モデルは、債務法および

---

[6] *Kubalı* (FN 3), S. 49.

[7] *Elbir, Halit Kemal;* L'Expérience turque et le problème de l'unification du droit privé, in: Unification du droit, 1953-1955, S. 282-303 (S. 286).〔訳注〕メジェッレに関する日本語文献としては、大河原知樹＝堀井聡江＝磯貝健一編『オスマン民法典（メジェッレ）研究序説』（東洋文庫研究部イスラーム地域研究資料室、2011年）がある。

[8] *Elbir* (FN 7), S. 286; *Tandoğan, Haluk;* L'influence des codes occidentaux sur le droit privé turc, en particulier la réception du code civil suisse en Turquie, in: AÜHFD, 1965-1966, S. 417-436 (S. 422).

[9] *Zwahlen,* ZSR 1973 I (FN 3), S. 146. この委員会の作業には、一夫多妻婚や代理婚の存続などの提案が含まれていた。詳細については、*Velidedeoğlu, Hıfzı Veldet;* İsviçre Medeni Kanunu Karşısında Türk Medeni Kanunu〔スイス民法典との比較におけるトルコ民法典〕, in: İstanbul Üniversitesi Hukuk Fakültesi (Hrsg.), Medeni Kanunun 15'inci Yıldönümü İçin〔民法典15周年記念論文集〕, İstanbul 1944, S. 338 ff. (S. 348-364).

[10] ローザンヌ条約は、非イスラム少数派による独自の法の適用を認めることによって、イスラム法上の人格権原則を保証した。これによって、統一世俗法の考えが勢いを増した。*Postacıoğlu, İlhan;* Quelques observations sur la technique de réception des Codes étrangers à la lumière de l'expérience turque, in: Annales de la Faculté de Droit d'Istanbul, N. 6, 1956, S. 63-74 (S.63); *Tandoğan* (FN 8), S. 423; *Zwahlen,* ZSR 1973 I (FN 3), S. 145/146.

商法の一般理論の受容、ならびに財産制度の近代化によって達成された私的所有の効率的な保護を必要としていた。このような全面的受容は、革命によって達成された社会・経済構造の法的環境を提供するはずであった[11]。それゆえ、一から法典化作業を行うために、長い時間を費やすよりも、欧州法を翻訳し、受容することが決定された[12]。

それにもかかわらず、トルコの継受は、外国法をまとめて受容した他国のそれとは異なる。この種の包括的継受は、特に植民地時代の後のアフリカ諸国に見られ、特定の国（フランス、ベルギー、ポルトガル）の長期にわたる植民地支配の影響に関連していた。これに対して、トルコは、一度も西欧列強の植民地となったことがない。その結果、トルコの継受は、新しい法の社会関係への統合をよりスムーズに進めた[13]。

## III. 他の法分野における継受

民法典は、1920年以降のトルコにおける西欧法継受の唯一の例ではない。タンジマートの時代にフランスから受容した他の重要な法律も、新しい法律に置き換えられた[14]。古典時代最後の最も華麗な作品である1889年のイタリアのザナルデッリ（Zanardelli）刑法典は、1926年に受容された。しかし、3年後には、イタリアの刑法典がムッソリーニ時代のロッコ（Rocco）法に置き換え

---

11) *Papachristos* (FN 4), S. 24.
12) *Tercier, Pierre;* La réception du droit civil suisse en Turquie, in: ZSR 1997, S. 1 ff., (S. 4); *Tandoğan,* AÜHFD (FN 8), S. 423.
13) *Scholler, Heinrich;* Vorwort, in: *Scholler, Heinrichs/Tellenbach, Silvia* (Hrsg.); Westliches Recht in der Republik Türkei, 70 Jahre nach der Gründung, Baden-Baden 1996, S. 8.
14) *Mumcu, Ahmet;* Siebzig Jahre westliches Recht in der Türkischen Republik: Eine rechtshistorische und aktuelle Bilanz, in: *Scholler, Heinrichs/Tellenbach, Silvia* (Hrsg.); Westliches Recht in der Republik Türkei, 70 Jahre nach der Gründung, Baden-Baden, 1996, S. 17 ff. (S. 40).

られた。新しいイタリア法は、実証主義の影響を受け、国家に対する犯罪を厳しく罰していた。これらの犯罪類型は、トルコにおいても、後の改正を含め受容された。この法律は、2005年まで施行され、その後、トルコ固有の刑法典に置き換えられた[15]。

　1957年のトルコ商法は、スイス商法第3節ないし第5節をモデルとしているが、同時にイタリア、ドイツ、フランスの商法も考慮された[16]。1957年の商法は、エルンスト・E・ヒルシュ（Ernst E. Hirsch）が西欧の発展をモデルとして起草した独自の法律であった。その法律は、トルコ債務法が2012年7月1日に施行されたことにより[17]、廃止された。

## Ⅳ. スイス民法典の継受

　包括的な継受に適する民法典を選ぶことは、共和国政府の重要な課題であった。ドイツ民法典、フランス民法典、スイス民法典という三つの近代的民法典が選択肢として存在していた[18]。

　なぜスイス民法典を受容したのかは、一見したところ理解に苦しむ。特にカントン法に関する規定は、統一国家には適用できなかった。ここでは、アタチュルク内閣の法務大臣であったマフムード・エザット・ボツクルト（Mahmut Esat Bozkurt）が果たした役割を看過できない[19]。しかし、この法律を選んだの

---

15)　トルコの刑法改正については、*Roxin, Claus/İsfen, Osman;* Der allgemeine Teil des neuen türkischen Strafgesetzbuches, in: GA 2005, S. 233 ff.

16)　*Karayalçın, Yaşar;* Ticaret Hukuku Dersleri I〔商法講義第1巻〕, 2. Aufl., Ankara 1957, S. 34 ff.

17)　2011年2月14日の官報第27846号参照。

18)　*Özcan, Mehmet Tevfik;* Modernisation and Civil Law: The Adoption of the Turkish Civil Code and its Political Aspects, in: Annales de la Faculté de Droit d'Istanbul, N. 51, 2002, S. 147 ff. (insb. siehe S. 166-176). *Bozkurt, Mahmut Esat;* Türk Medeni Kanunu Nasıl Hazırlandı?〔トルコ民法典は、どのように準備されたのか〕, in: İstanbul Üniversitesi Hukuk Fakültesi (Hrsg.), Medeni Kanunun XV. Yıldönümü İçin〔民法典15周年記念論文集〕, İstanbul 1944, S. 11-12も参照。

は、他にも重要な実質的理由がある。それは、スイス民法典が当時最も新しかったからである。さらに、当時の基準によれば、同時代の他の法律よりもスイス民法典のほうが男女平等をよく保証していたことも、決め手となった[20]。ドイツ民法典も、同様に新しい法典であったが、あまりに詳しすぎて、外国の法文化にとっては、十分に理解できなかったり、適用が難しかった。そのため、ドイツ民法典は、継受に適さなかった。これに対して、スイス民法典は、より一般的な規定が含まれており、裁判官に広い裁量を認めていた（1条、2条、4条）。この広い裁量権は、スイス民法典を選ぶ大きな理由となった。なぜなら、判例がトルコ独自の民法を発展させることができたからである[21]。

## V．トルコによるスイス民法典継受の特性

　トルコ社会の近代化に対する継受の効果をより良く理解するためには、幾つかの事実を確認する必要がある。すなわち、新しい民法典は、具体的にどのような改革をもたらしたのか、どのような違いがあって、それは何故なのか、どのような困難に直面したのか、またそれを克服できたとしたら、どのようにして克服したのか？

　継受によるトルコ法の最も重要な改革は、家族法の分野において行われた[22]。すなわち、民事婚、一夫一婦制、夫婦の相対的平等、離婚の権利（それは、いずれの配偶者も、一定の条件のもとで、裁判手続によって行使することができる）、婚外子の法的保護、特に父子関係確認の裁判である。しかし、新しい民法典は、他の分野にも改革をもたらした。相続権は、妻および娘のために改正され、登

---

19) *Lipstein, K.;* The Reception of Western Law in Turkey, in: Annales de la Faculté de Droit d'Istanbul, N. 6, 1956, S.10-23 (S. 12); *Tercier* (FN 12), S. 6.
20) *Tandoğan* (FN 8), S. 424.
21) *Elbir* (FN 7), S. 284; *Zwahlen,* ZSR 1973 I (FN 3) ZSR 1973 I, S. 148; *Tandoğan* (FN 8), S. 424.
22) *Zwahlen,* ZSR I 1973 (FN 3), S. 148-151; *Lipstein* (FN 19), S. 17-23.

記簿が導入され、公示原則が適用され、人格権の保護および姓の導入が変革となった。

ただし、スイス民法典は、逐語的にすべて受容されたのではなく、僅かながらも、幾つかの違いがあった。むろんカントン法に関する条文は除かれた[23]。その他の実質的な相違は、トルコ社会の特性のために導入された[24]。しかし、これらの相違は、イスラム法の影響によるものではなく、新しい民法典をトルコの社会秩序により良く適合させるためであった。本稿では、その相違点をすべて紹介する紙幅がないため、重要な点のみを取り上げる。

トルコ民法典とそのモデルの重要な相違は、夫婦の財産共有制の拒否であった。スイスの財産制では、そもそも夫婦が婚姻の際に合意により三つの選択肢の中から一つを自由に選ぶことができた。これに対して、トルコ民法典では、法定の別産制が標準とされ、ほとんどすべての場合に適用された[25]。この立法者の決定は、本来は、妻の保護に役立つはずであったが、実際には、特に固定収入のない妻にとって差別の拡大となった。この規定は、ようやく2002年の新しい民法典の発効により改正され、収益共有制が法定財産制として導入された[26]。

更なる相違は、別居および離婚の期間である。トルコの離婚法では、姦通は、他方の配偶者が姦通者を宥恕した場合にのみ、離婚理由とできない。これに対して、同意したにすぎない場合は、離婚訴訟を妨げない（トルコ旧民法典129条。スイス旧民法典137条3項参照）。この規定は、新しいトルコ民法典にも存在する

---

23) *Tercier* (FN 12), S.7.
24) *Velidedeoğlu, Hıfzı Veldet;* Türk Medeni Hukuku Umumi Esaslar〔トルコ民法典の一般原則〕, 6. Aufl., İstanbul 1959, S. 141 f.
25) この立法者の決定は、オスマン帝国法を導入したものと解されていた。Siehe *Krüger, Hilmar;* Fragen des Familienrechts: osmanisch-islamische Tradition versus Zivilgesetzbuch, in: ZSR 1976, S. 287 ff. (S. 300); außerdem siehe *Velidedeoğlu,* Türk Medeni Hukuku (FN 24), S. 146.
26) *Kılıçoğlu, Ahmet;* Edinilmiş Mallara Katılma Rejimi〔収益共有制〕, 2. Aufl., Ankara 2002.

（トルコ新民法典 161 条）。離婚理由としての別居の要件も緩和された。配偶者の不在は、2 か月以上で足りる。この相違は、トルコ社会の特性に基づく。すなわち、トルコの家族観によれば、長期の不在は、家族の一体性を破壊する兆候とされる[27]。

物権法では、取得時効の期間に違いがある。登記は、ようやく民法典の制定に伴って創設されたので、土地の取得時効は、継続的かつ平穏な 20 年間の占有という比較的短い期間が定められた。

法律の適用解釈は、更なる相違をもたらした。裁判官の広い裁量権は、この傾向に拍車をかけた。ただし、一般的に言えば、私法分野の判例はスイスの例にならっている。この点では、トルコの裁判官は、裁量権の限界を超えたわけではない[28]。幾つかの重要な相違は、トルコ社会の濃密な家族関係に関わる。たとえば、最高裁判例は、父母だけでなく、祖父母も、面会交流権を有するとする[29]。

以上によれば、これらの相違点の多くによって、トルコの私法は、独自性を得ることができたと言えるが、幾つかの異なる規定は、トルコ社会の発展に伴い、後に再びスイス民法典と調和していった。

継受によって生じた適応の問題およびその解決方法は、私法分野における継受および近代化がどの程度成功したのかを判断するための基準となる。

最初の困難は、翻訳に伴う問題であり、長い間、判例学説を煩わせてきた。スイス法の翻訳は、フランス語の条文に基づいており、ドイツ語版は、ほとんど考慮されなかった[30]。幾つかの法技術的概念は、学説から翻訳の誤りとして批判された。しかし、これらの問題は、ほとんどすべての事件において、判例

---

27) *Zwahlen*, ZSR 1973 I (FN 3), S. 175 f.
28) *Zwahlen*, ZSR 1976 (FN 2), S. 254; *Dural, Mustafa/Öğüz, Tufan/Gümüş, Alper*; Türk Özel Hukuku〔トルコ私法〕, Bd. 3 – Aile Hukuku〔親族法〕, İstanbul 2012, S. 7.
29) YİBK 18. November 1959, E. 12/K. 29, RG 10482.
30) *Zwahlen*, ZSR 1973 I (FN 3), S. 157.

学説の助けにより克服された[31]。トルコの民法学者は、研究に際して、ドイツ語版を参照し、それによって、トルコ法の曖昧な概念を、スイス法にならった目的論的解釈によって修正することができた。結局のところ、2002年の新しいトルコ民法典の準備作業では、ドイツ語の条文も参照され、最初から、この種の問題が生じることを防ぐことができた。

翻訳に伴う更なる問題は、スイス民法典を継受した時代には、トルコ語がアラビア語やペルシア語の概念を多く含んでいたことである。アタチュルクの治世下で導入された用語法により、これらの単語の多くは廃止された。その結果、大部分の国民は、時代と共にますますこれらの概念を理解できなくなったので、トルコの法律用語は、もはや国民に通じなくなった。受容された法律の用語は、じきに古くなる。スイス民法典を選んだ理由の一つが分かりやすさであったとしたら、この期待された長所は、その後の年月の間に短所に変わってしまった[32]。新しい2002年のトルコ民法典によって、トルコの法律用語は、現代化および簡易化され、これによって、問題は解決した。

スイス民法典を継受する際に解決すべき最大の難問は、家族法の改正であった。すなわち、「家族法は、他の私法分野と比べて、最も強く伝統、宗教および一般的な道徳の基本観念の影響を受けている」[33]。何世紀もの伝統に基づく家族関係は、たった一度の立法のみにより変革できるわけではなかった[34]。

宗教的な婚姻の儀式は、この問題の良い例である。トルコ法によれば、非婚の者が宗教的な婚姻の儀式を執り行うことは禁止され、刑に処せられるが、特にトルコの東方および南東の地域では、これらの儀式の多くが民事婚と同一視され、非婚者による儀式が広く行われている[35]。

---

31) *Tercier* (FN 12), S. 7.
32) *Zwahlen*, ZSR 1973 I (FN 3), S. 156.
33) *Gören-Ataysoy, Zafer;* Die Fortbildung rezipierten Rechts, in: ZSR 1976, S. 263 ff. (S. 273).
34) *Elbir* (FN 7), S. 286.
35) *Zwahlen*, ZSR 1973 I (FN 3), S. 75.

家族法分野のもう一つの例は、婚姻年齢である。トルコ民法典の制定当初は、17歳と定められていたが、後に女については、15歳（裁判所の判決があれば14歳）に引き下げられた。なぜなら、特にトルコの東方地域では、伝統的に極めて若い女が婚姻したからである。2002年の新民法典では、婚姻年齢は、両性について、再び17歳に引き上げられた（裁判所の判決があれば16歳）。これは、トルコ社会に僅かに残る相違点もスイス民法典の近代的観念に近づいた結果、違いを設ける必要がなくなったからである。

継受の初期の時代には、法律の施行までに、身分登録およびその他の法技術的基盤を整備する時間が足りないという問題もあった。そもそも公示制度自体が新しいものであった。これは、インフラの遅れにより、物権法の分野にも見られた。しかし、身分登録および登記制度を近代化することによって、短時間でこれらの問題は克服された。

これらのケースは、すべて共通点がある。すなわち、新しい民法へのトルコ社会の適応の問題は、変革と相違の両方によって解決が試みられたが、決してイスラム法に戻ることはしなかった。

## VI. 1926年以降の改正と新しい民法典

1926年のトルコ民法典の伝説的な一般理由書は、マフムード・エザット・ボックルトが執筆し、次のような言葉によって、近代社会の創造を法律の第一の使命であると強調した[36]。すなわち、「トルコ国民は、近代的な文明化を自己に適合させるのではなく、自らが近代的な文明化の要件に適合するのであり、そのためには、いかなる代償も惜しまない」。世俗の民法典のイスラム法との大きな違いは、社会の発展により変化できることである。現に、75年にわたる民法典の施行期間中に様々な改正が行われた。

---

36) *Kılıçoğlu, Ahmet;* Medeni Hukukun 80 yıllık gelişimi〔民法80年の歩み〕, in: Cumhuriyetin Kuruluşundan Bugüne Türk Hukukunun Seksen Yıllık Gelişimi〔共和国宣言から今日までのトルコ法80年の歩み〕, Ankara 2003, S. 228-235 (S. 229).

1926年のトルコ民法典は、当時の世界では当然と考えられていたように、家父長的な観点を反映するという点でも、スイス民法典にならっていた。当時の改正運動は、イスラム法において事実上一切の権利が否定されていた婦女子の法的地位を格段に改善し、個人としての人格権を認めたが[37]、これらの法制度は、20世紀末および21世紀には、古くなっていた。妻および婚外子の法的地位は、その例である。これらの問題は、トルコの国内法において、改正法および憲法裁判所の判例によって解決されたが、その際の改正は、必ずしもスイス民法と並行的に行われたとは限らなかった。

　妻の就労権を夫の許可に委ねた規定（トルコ旧民法典159条）は、トルコの憲法裁判所が違憲無効とした[38]。憲法裁判所の別の判決によって、相続法における婚外子差別は禁止され、該当規定は削除された[39]。1990年、立法者は、修正規定を改めて導入し、婚内子と婚外子の平等を明確に規定した[40]。

　1926年の継受の後、トルコの私法の発展は静止したのではない。2002年までに、部分改正のための法律が制定されたが、その中でも、法律第3444号は際立っている。これによって、人格権保護に関する規定が改善され、性転換が法的に規定され、離婚法が格段に簡易化された。さらに、合意による離婚の可能性も認められた。

　これらの改正は、発展した社会の需要を満たすため、新しい民法典の必要を明らかにした[41]。それゆえ、2002年に新しいトルコ民法典が制定され、その際に、スイス民法典の改正も参照された。

---

37)　*Serozan* (FN 5), S. 752.
38)　AYM, 29.11.1990, K. 30/31, RG 21272.
39)　AYM, 11.9.1987, K. 1/18. YİBK 1997 22.02.1997 E. 1996/1, K. 1997/1.
40)　1990年11月14日の法律第3678号。
41)　*Kılıçoğlu* (FN 36), S. 229/230.

## Ⅶ. おわりに

　一般的に言えば、スイス法への同調は、2002 年の新しいトルコ民法典でも維持された。それゆえ、新しいトルコ民法典が継受プロセスからの離脱でないことは、明らかである[42]。むしろトルコの法秩序および社会秩序の現代化という同じ目的をもった同じプロセスの継続である。トルコ革命によって始まったこのプロセスは、静態的ではなく、トルコ社会の現代化との関連で進化している。

　以上により、トルコにおける西欧法の継受は失敗したと言うことはできない。たしかに、このプロセスにおいて多数の難問が生じたことは認めなければならないが、多くの場合、これらの問題は解決された。私見によれば、トルコ革命の成功に対する継受の影響は明白である。エルビール（Elbir）は、早くも 1950 年代に、スイスとトルコの例を欧州法調和の成功例として挙げ、調和に対する懐疑論者は、これを励みとすることができると述べている[43]。現に偉大な作品が生まれたのであり、二つの全く異なる文化および社会において、同じ私法規定を適用できるのかを疑うのであれば、法の調和が困難とはいえ克服できないわけではない課題であることが分かるであろう。この継受の伝統は、トルコの EU 加盟のプロセスにおいて、再び調和の問題を克服するよう勇気づけるであろう。

---

42)　*Özcan* (FN 18), S. 147.
43)　*Elbir* (FN 7), S. 297/298.

# ブルガリア法における非占有担保権
―担保権取引に関するモデル法および
他の東欧EU加盟国法を参考とした
体制転換国の動産担保権の形成―

ゲルガーナ・コザロヴァ[*]

　Ⅰ．非占有担保権と経済秩序
　Ⅱ．欧州復興開発銀行の担保権に関するモデル法
　Ⅲ．EU圏の東欧諸国における動産担保権の概要
　Ⅳ．各国法の概要の帰結ならびに担保権登録簿の構築
　　　および非占有担保権の形成に関する結論
　Ⅴ．ブルガリア法における非占有担保権
　　　1．適用範囲／2．成立および消滅／3．登録／
　　　4．公示／5．優先順位／6．負担のない取得、
　　　優先権の取得および善意／7．契約当事者の権利
　　　義務／8．集合物に対する担保権／9．企業担保
　　　権／10．所有権留保およびリース／11．換価
　Ⅵ．まとめ
　　　文献一覧

---

[*] 脚注に引用された文献については、末尾の一覧参照。〔訳注〕原著では、Ⅴの11「換価」は掲載されていないが、原著の締切後に原著者からドイツ語原稿が送付され、日本語訳および訳書における掲載の要請を受けた。

# I．非占有担保権と経済秩序

　担保権は、経済の発展および国の成長にとって、極めて大きな役割を果たす。様々な高度先進国を比較すれば、国家経済の発展に比例して、担保権に対する需要が大きくなることが分かる[1]。このことから、発展を求める経済にとっては、十分な金融環境の整備が必要であり、その一つが法整備であるという結論が導かれる[2]。それゆえ、ブルガリアにおける国家秩序および経済秩序の全面崩壊後は、実効性のある動産担保権の創設が立法者の優先課題となった。中東欧諸国を支援するため、欧州復興開発銀行は、1994年に担保権取引に関するモデル法（Model Law on Secured Transactions = MLST）を作成した。それは、大きく米国の統一商法典9条に依拠していたが、比較法的研究により、大陸法と英米法の概念を融合するものであった[3]。

　モデル法は、各国が自国の法体系を市場経済の要請に応えるようにする際にアイデアおよび体裁の参考を提供すること、いわゆる法の転換（legal transition）により、改正作業に役立とうとするものである。そのため、モデル法は、最新の担保法の諸原則を集約し、規定の必要性が大きい中核的内容を抽出した。今日の金融取引においては、債務者が担保目的物を占有し続け、かつあらゆる物に担保権を設定できることが必要不可欠である。担保権は、法的安定性を保ち、予見し得ない利害の対立を回避するため、公示されるべきである。債権者は、占有を放棄しているのであるから、担保権者としての地位は、担保権の広範な第三者効および保護請求権によって保証されなければならない。それゆえ、負

---

1) *Drobnig,* in: *Kreuzer* (Hrsg.), Mobiliarsicherheiten – Vielfalt oder Einheit, S. 9.
2) *Drobnig,* in: *Kreuzer* (Hrsg.), Mobiliarsicherheiten – Vielfalt oder Einheit, S. 9.
3) *Röver,* Vergleichende Prinzipien dinglicher Sicherheiten, S. 74.〔訳注〕モデル法の日本語訳としては、佐藤安信＝赤羽貴＝道垣内弘人「欧州復興開発銀行・模範担保法の紹介と解説（上）（下）」NBL695号63頁～75頁（2000年）、696号70頁～79頁（2000年）がある。

担のない善意取得は、あくまで例外とされる。担保権の第三者効の要件およびその実行は、担保の法的品質にとって重要な意味を持つ。その法律的な構成にあたり、厳格な方式要件は、経済取引の負担となることを考慮すべきである。それゆえ、常に裁判を必要とすることによって、債権者の取立てを困難にすることは不合理である。債権者による簡便な私的換価と債務者の十分な権利保護とのバランスは、担保権システムが十分に機能するために、極めて重要である。

## II. 欧州復興開発銀行の担保権に関するモデル法

　以上のような観点から、モデル法は、英米法と大陸法の両方を考慮した統一的担保権の概念を構築した。通則規定および執行規定は、原則として、すべての担保権に共通である。所有権留保およびリース事業者の所有権は、この統一法に含まれていない。これは、物権の効力をその機能ではなく物権法上の体系によらしめる大陸法システムのゆえんである。逆に、米国のアプローチによる担保権は、その内容からみて、制限的な物権であり、完全な権利ではない。担保として提供された物の利用を担保権設定者に委ねるという経済的に根拠のある目的からは、担保権を原則として非占有とするモデル法の中心的要請が生まれる[4]。

　モデル法は、広く公示に頼っている。非占有担保権の場合、あらゆる動産担保権について、公的な担保権登録簿への登録が占有に取って代わる。これによって、必要な公証力がもたらされる。誰でも登録簿を閲覧できるのであるから、形式的な公証力は、完全に実現される。非占有担保権は、登録の時に設定される（モデル法 6.7.1 条）。登録の時とは、担保権登録簿への登録申請がなされた時であり、担保権設定証書の日付から 30 日以内でなければならない。この時点までに登録申請がなされなかった場合は、担保権は成立しない。担保権は、倒産の場合も有効である（モデル法 31.1 条）。担保権設定契約については、書面が

---

4) *Dageförde*, ZEuP 1998, S. 686, 692.

方式要件とされている。担保法の適用範囲は、担保権設定者と担保権者との関係だけでなく、被担保債権および担保目的物にも広く及ぶ。単独で譲渡できる物および権利は、すべて担保に供することができる。担保権は、既存の動産だけでなく将来取得する動産、債権、集合物（構成物の変動がある場合を含む）、企業に設定することができる（モデル法 5.5 条）。担保目的物は、個別的または包括的に特定することができる。将来取得される物も含まれる。企業担保権とは、当該企業のあらゆる物および権利に対する担保権、ならびに執行手続において企業全体に執行し得る担保権である（モデル法 5.6 条、25 条）。このように包括的な担保権は、担保権設定者の担保目的物に対し、独占的な地位を与えるという批判がある[5]。さらに、過剰担保となるおそれがある。債権を特定する際にも、当事者には、幅広い選択の余地がある。被担保債権は、個々の債権および集合債権のいずれも可能であるし、担保権設定の時にまだ成立していなくてもよい（モデル法 4.1 条、4.3.4 条）。ただし、将来債権は、担保権設定証書において特定されている必要がある（モデル法 4.4 条）。特定方法は、個別的または集合的のいずれも可能である。債権は、担保権実行の時に金額が特定できるものでなければならない。被担保債権は、契約上および法律上定められた利息、担保権実行の費用、ならびに被担保債権を生じさせた契約の違反による損害賠償請求権を含む（モデル法 4.6.1 条～4.6.4 条）。人的適用範囲については、統一担保法は、法人以外に自然人も対象とするが、営業行為の範囲内に限られるので、消費者が担保権設定者となることは認められていない（モデル法 2 条）。

担保権の形態としては、占有担保権、非占有登録担保権、未払売主担保権の 3 種類がある（モデル法 6 条～16 条）。モデル法は、公示されない非占有担保権の存在を避けたにもかかわらず、未払売主担保権は、原則として公示されない。設定日から 6 か月間は、登録義務がないにもかかわらず、優先権がある。短期融資の担保権に登録義務を課すことによって、商品取引が困難となることを避けるためである[6]。登録申請をすることにより、原則として、負担のない取得

---

5) *Röver,* in: *Kreuzer* (Hrsg.), Mobiliarsicherheiten – Vielfalt oder Einheit?, S. 133.

6) *Röver,* in: *Kreuzer* (Hrsg.), Mobiliarsicherheiten – Vielfalt oder Einheit?, S. 133.〔訳

を防ぐことができる（モデル法21.1条）。それゆえ、譲受人は、登録簿を閲覧すべきである。これをしなかった場合、譲受人は、制限物権の存在を知らなかったことを主張することができない。これに対して、担保目的物が日常業務の範囲内において有償で譲渡された場合は、譲受人が善意であるか否かを問わず、負担のない取得が認められる（モデル法19.2条、19.3条）。ただし、原則として担保権設定者は、担保目的物を負担なく譲渡する権限を有しない（モデル法21.1条）。とはいえ、当事者は、特段の合意をすることにより、負担のない譲渡をする権限を付与することができる（モデル法20.1条）。さらに、担保目的物をより少ない金額で譲渡することによる善意取得の可能性も認められている（モデル法21.2.5条）。モデル法は、権限のない者が占有担保権だけでなく登録担保権も善意取得するか否かについて規定していない。一つの物に対する担保権の優先順位については、モデル法は、原則として、設定順によっている（モデル法17条）。その例外は、金銭債権者と商品債権者の関係であり、売主が優先する（モデル法17.3条）。物または権利に対する役務によって生じた金銭債権の法定担保権は、それ以前に設定されたすべての担保権に優先する（モデル法17.6条）。優先順位は、書面による合意によって変更することができる（モデル法17.8条）。順位の変更は、担保権者相互ないし担保権設定者と担保権者の間で合意することができるが、その他の担保権者を拘束しない。

　担保権者の法的地位は、占有の代わりに、他の保護が与えられている。すなわち、担保目的物を検分する権利を有し（モデル法15.4.3条）、担保権設定者が目的物を処分した場合は、損害賠償請求権を有し、消滅または価値の減少があった場合は、保険による損害のてん補を受ける権利を有する（モデル法15条）。担保目的物の占有は、担保権設定者による物の使用を可能とする。その使用権

注〕モデル法によれば、売買当事者間において所有権留保が合意された場合も、このような合意はないものとして、所有権が買主に移転するが、担保権設定契約や登録なしに、売主は担保権を取得する（9.1条）。この未払売主担保権は、6か月以内は登録担保権に転換することができるが（9.3条）、転換がなされない場合は、通常の担保権消滅事由が生じなくても、6か月の期間が経過した時に消滅する（9.4条）。

は、他の物との付合および加工の権利を含む (モデル法15条)。担保権者を保護するため、担保権設定者は、担保目的物を付保する義務、処分しない義務、および保全する義務を負っている。モデル法は、担保権設定者がその義務を守らなかった場合、どのような効果が生じするのかを規定していない。ただし、担保権を設定した在庫商品については、経常取引の範囲内において、またその他の担保目的物については、日常業務の範囲内において、担保権設定者による譲渡が法律上認められている (モデル法19条)。いずれの場合も、譲渡は有償でなければならない。企業担保権の場合、担保権設定者は、一般に担保目的物の構成物を有償で譲渡する権利を有する。これに反する合意は、第三者に対抗できない (モデル法19.6条)。モデル法の目的論的解釈によれば、新たに取得した物は、流動資産である限り、自動的に担保が設定され、その旨の担保契約上の合意を要しない[7]。担保権設定者は、その使用権により、日常業務の範囲内において、このような担保目的物をさらに譲渡することができる[8]。この解釈によれば、新しい商品は自動的に担保目的物になると思われる。

　担保権の換価については、私的換価の可能性が広く認められているが、担保権設定者および利害関係のある第三者の権利保護の必要性によって制限されている[9]。場合によっては、債務者の申立てにより、裁判所が介入する。特に私的換価が認められているため、モデル法は、業務の範囲内における商人およびこれと同等の者の間の担保権のみを対象とする[10]。担保権設定者は、換価の際の一定の注意義務によって保護される (モデル法24条)。売却は、公開市場または競売によって行うことができる。担保権者は、市場での売却、公的競売、私的競売など、自己が適切と思う換価の方法によることができる (モデル法24.4条)。売却代金の受取および配当は、担保権者の指名する代金管理者 (保管者) に委託される。譲受人が直ちに保管者に支払わなかった場合は、負担のあ

---

7) *Grude,* Revolvierende Globalsicherheiten in Europa, S. 110.
8) *Grude,* Revolvierende Globalsicherheiten in Europa, S. 110.
9) *Röver,* in: *Kreuzer* (Hrsg.), Mobiliarsicherheiten – Vielfalt oder Einheit?, S. 133.
10) *Dageförde,* ZEuP 1998, S. 686, 694.

る担保目的物を取得する（モデル法24.3.2条）。担保権者は、売却の際に通常の市場参加者の注意義務を負う（モデル法24.3.1条）。登録担保権は、倒産の場合も有効である。モデル法は、倒産手続外での取立てあるいは個別の取立てを推奨している。

　モデル法の主要規定を見れば、一般的な非占有担保権は、大陸法系にはない法制度であることが分かるが、契約当事者が担保権を設定する際に、極めて大きな柔軟性を得ることを可能とする。大陸法における占有原則や特定原則の厳格な維持は、現代の金融担保取引を妨げる。そこで英米法から、非占有担保権の導入に決定的な衝撃が発せられた[11]。東欧の体制転換国は、必然的に英米法のアプローチを採用し、その際には、担保権取引に関するモデル法が基礎となった。これらの国々は、動産担保権制度を整備する際に、様々にモデル法を修正し、それによって、様々な考え方を反映させた。非占有担保権は、これらの国すべてにおいて、独自の発展を遂げたが、その際に、モデル法は、もはや唯一の指標ではなかった。

## III．EU 圏の東欧諸国における動産担保権の概要

　ラトビアでは[12]、1998年の商業担保権法によって、一般的な非占有担保権が導入された。すなわち、登録により成立する商業担保権である。担保権設定の根拠となるのは、契約または裁判所の判決である。非占有担保権を設定できる目的物の範囲は、極めて広範であり、動産および権利であるが、その中には、企業、資本会社の持ち分、担保権設定者の所有する動産全体などの集合物が含

---

11)　*Dageförde,* ZEuP 1998, S. 686, 696.
12)　*Schauer,* Grundeigentum und Sicherheiten in Lettland, S. 157; *Kaspars,* Dingliche Mobiliarsicherheiten in Lettland, in: *Drobnig/Roth/Trunk,* Mobiliarsicherheiten in Osteuropa, S. 69-78; *ders.,* Sicherungsübereignung im deutsch-lettischen Rechtsvergleich, S. 191 ff.; *Liepa,* Procedural Regulation of Chattel Security in Latvia, in: *Drobnig/Roth/Trunk,* Mobiliarsicherheiten in Osteuropa, S. 79-85.

まれる。除外されるのは、船舶、手形・小切手債権、市場に流通する有価証券のみである。不動産を含む集合物が商業担保権の目的物とされる場合は、不動産が担保目的物から切り離される。すなわち、不動産には、担保権が及ばない。事業者は、原則として担保権設定者となることができる。それゆえ、自然人および法人は、その業務の範囲内において、商業担保権を設定することができる。自動車、航空機、企業、資本会社の持ち分などの登録義務のある動産は、商人でない者も、担保に供することができる。制限規定により、商業担保権の目的物となり得る物には、他の担保権を設定することができない。これにより、先に設定されたという占有担保権が商業担保権の効力を妨げることのないようにしている。

　商業担保権は、商業担保権登録簿への登録により成立する。登録申請には、方式要件があり、両当事者の署名は、公証人の認証を受け、担保権設定契約書および融資契約書を添付しなければならない。商業担保権登録簿は、企業登録簿に付属する。自動車、会社の持ち分、航空機、農業用機械などの登録義務のある動産については、それぞれの登録簿に登録することによって、担保権が成立する。その場合も、申請は、中央官庁としての商業担保権登録所において行う。登録担保権の優先権は、登録の順による。担保権者の同意なく目的物が譲渡された場合は、原則として、担保権が付着する。担保権設定者は、担保権者の書面による同意がある場合にのみ、担保目的物を譲渡する権限を有する。ただし、登録簿の公証力にかかわらず、善意取得が認められている。担保権者の同意を得て、譲渡がなされた場合は、商業担保権が消滅する。担保権者は、裁判所外の競売および随意換価の権限を有する。これについては、契約の自由がある。裁判所による競売は、担保権設定者が担保目的物を引き渡さない場合、または裁判手続を求める場合に行われる。

　エストニアには[13]、一般的な非占有担保権が存在しない。様々な登録担保権が目的物の種類に応じて認められている。すなわち、運送用具登録担保権、船

---

13) *Kama,* Dingliche Mobiliarsicherheiten in Estland, in: *Drobnig/Roth/Trunk,* Mobiliarsicherheiten in Osteuropa, S. 55-60.

舶抵当権、有価証券担保権、知的財産担保権、企業担保権である。登録簿への登録が成立要件である。1996年の商業法に規定された企業担保権は、商事会社の既存の動産および将来取得する動産全体、または個人事業主の経済活動と関連する動産全体に及ぶ。ただし、この商業担保権は、事業の持ち分、その他の会社の持ち分、株式、債券、その他の有価証券、知的財産には及ばない。担保目的物とすることができるのは、その他の物および財産権である。事業主は、商業担保権の目的とされた財産を日常業務の範囲内において使用し、処分することができる。担保権者は、担保の目的とされた財産が分離されたり、企業の業務が停止したり、財産が違法に第三者に譲渡され、その結果、担保目的物の全部または大部分が消滅、放置または減少させられた場合は、満期が到来する前であっても、債務の履行を求めることができる。

　商業担保権は、商業担保権登録簿に登録される。申請書は、担保権設定者または公証人の認証を受けた設定者の同意書により担保権者が提出する。登録簿は、積極的公証力を有する。すなわち、登録の誤りは、それを知っていたか、または知り得べきであった場合を除き、第三者に対抗できない。また、登録しなかった登録事項も、それを知っていたか、または知り得べきであった場合に限り、第三者に対抗することができる。法律は、商業担保権の成立方法について規定していない。ただし、登録の抹消により消滅するのであるから、商業担保権は、登録により成立すると解される。複数の商業担保権の優劣は、登録の順による。優先順位の変更は、これらの担保権者が事業主の同意を得て合意することができる。担保権の善意取得は、商業担保権については、例外的に認められている。なぜなら、商業担保権登録簿は、積極的公証力だけでなく消極的公証力も有するからである。非占有担保権により担保された債権は、通常は、倒産の場合に第一順位となるが、商業担保権は例外であり、倒産の場合には、第四順位にしかならない。

　リトアニアにおいては[14]、1997年の動産担保権に関する法律によって、非占

---

14) *Petrauskaite,* Secured Transactions in Lithuania, in: *Drobnig/Roth/Trunk,* Mobiliarsicherheiten in Osteuropa, S. 87-93.

有担保権の設定が可能となり、一般的な動産担保権が創設された。担保目的物となり得るのは、すべての有体動産および無体財産、金銭に換算できる権利および特許権である。非占有担保権は、抵当権登録簿への登録によってのみ成立する。担保権設定契約は、書面により、かつ公証人の認証を受ける必要がある。人的適用範囲は、他の多くの国と異なり、企業に限定されない。すなわち、非占有担保権は、企業だけでなく誰でも利用できる。リトアニア法の特徴は、非占有担保権が担保権設定契約だけでなく担保権者の一方的意思表示によっても設定できることである。一つの物に対する複数の担保権の優劣は、登録申請の順による。複数の申請が同じ日になされた場合は、同一順位の担保権が成立する。担保権者は、換価の際には、同一の割合で配当を受ける。後に担保権設定者の所有物となるリースの目的物など、将来の所有物も、担保に供することができる。担保権設定者は、設定契約に定めがある場合にのみ、担保目的物を譲渡することができる。ただし、その場合も、譲受人は、担保権者の債権について、目的物の価額まで責任を負う。

　スロベニアにおいては[15]、2003年に施行された物権法典により、非占有担保権が新たに規定され、その後拡大された。ただし、権利に対する担保権の設定は規定されていない。非占有担保権は、執行が可能な公正証書の方式による合意によって成立する。一義的に特定できる担保目的物についてのみ、非占有担保権登録簿への担保権の登録が成立要件となる。それゆえ、スロベニア法によれば、登録することができず、かつ登録がなくても対世効を有する非占有担保権が存在する。いかなる物が一義的に特定できるのかは、規則に定められている。非占有担保権登録簿の記載は公開されている。登録により、外部的な信頼保護が生じる。すなわち、登録がある場合は、その記載を知らなかったと主張できる者は、誰もいない。さらに、虚偽の記載を信頼して行動した者は、相当の注意義務を果たしている限り、自己に不利な法的効果は生じない。担保権設定者は、担保目的物をその経済的目的に応じて使用し、担保権者の同意がなく

---

15)　*Rijavec/Domej,* Slowenien: Sachenrechtsgesetzbuch, WiRO 2003, S. 148-152.

ても、譲渡したり、負担を課すことができる。物権法典の改正により、担保目的物の範囲が拡大され、在庫商品への担保権設定が可能となった。担保権設定者は、法律上、在庫管理の義務を負い、担保権者は、在庫管理の監督権を有する。これらの規定および処分権の制限に関する規定との関係によれば、在庫商品に対する担保権の場合は、一般に譲渡に対する同意があるものと結論づけられる。負担のある物を業務の範囲内において譲渡する権限は、スロベニア法に規定されていないから、その他の集合物を担保に供することはできない。一つの物に複数の担保権がある場合は、登録の順による。例外が規定されていないのは、おそらく在庫商品という一種類の集合担保しか認められておらず、複数の担保が競合する場面が制限されているからであると思われる。

　担保権設定者の作為または不作為により担保目的物が劣化したり、価値が減少した場合、担保権者は、直接的または間接的な物の占有を求める権利を有する。非占有担保権が占有担保権に移行した場合も、裁判所外の売却は、可能なままである。担保権設定者が担保目的物を引き渡さない場合、担保権者は、強制執行を申し立てることができるが、単に引渡しの執行だけを求めることもできる。非占有担保権を重ねて設定することは、先の担保権者の同意がある場合にのみ可能である。この場合、最初の被担保債権の満期の到来により、取立てが行われる。換価手続は、合意により指名した第三者に委任される。合意に達しない場合は、非訟手続により、裁判所が指名する。担保目的物が売却され、換価費用を差し引いた後、受任者は、残りの金額を非占有担保権の成立順に担保権者に配当するが、満期の到来していない債権への充当の際には、支払日から満期日までの利息を考慮する。

　ルーマニアにおいては[16]、1999年に経済改革の推進のための若干の措置に関

---

16) *Sacalschi,* Grundeigentum und Sicherheiten in Rumänien, S. 73 ff.; *Teves,* Die Mobiliarsicherheiten im deutschen und rumänischen Recht unter Einbeziehung des französischen und US-amerikanischen Mobiliarsicherungsrechts; *ders.,* Die Neuregelungen der Mobiliarsicherheiten im rumänischen Recht, WiRO 1999, S. 441-448; *ders.,* Das rumänische Kreditsicherheitensystem und dessen Rolle für das deutsche Export-

する法律が制定された。その第4編「動産担保物権の法的地位」において、非占有担保権が規定されている。民法上の債権および商法上の債権、既存の債権および将来債権、条件付き債権および無条件の債権、分割可能な債権および分割不能債権、特定債権および不特定債権、自国通貨で表示された債権および外国通貨で表示された債権、これらすべての債権が非占有担保権により担保され得る。担保権設定者は、法人だけでなく自然人でもよい。担保目的物の範囲も極めて広く、経済的価値を有する物は、すべて担保目的物となる。法律は、これをさらに詳しく規定し、代替可能な物および代替不能な物、農業用機械、器材および設備、1年以上の契約期間のある賃貸物またはリース物件、株式およびその他の会社の持ち分、無担保債権、特許権・商標権・著作権などの様々な権利、賃貸から生じた権利、会社法上の権利、倉荷証券、船荷証券、保険証券などが担保目的物となる。担保目的物は、個別的または包括的に特定できるし、流通している動産および将来の動産全体も可能である。特殊な集合物として、営業財産がある。それは、顧客、立地、商号、企業名、商品名、特許、意匠、使用許諾からなる。営業施設や設備は含まれるが、在庫、土地、債権債務は除かれる。営業財産に変更が加えられた場合、担保権は、現在の営業財産に及ぶ。同じことは、すべての集合物に当てはまる。財産は、負担なく流出し、新たに流入した財産に置き換えられる。担保権は、その代替物に及ぶ。

　担保権は、設定契約により成立する。設定契約は、書面を要する。公証人の認証のない私文書による担保権も、登録をすれば、債務名義となる。登録により、担保権は対世効を有する。登録事項は、動産担保物権の順位を示すために構築されたシステムとされるデータバンクのようなアーカイブに登録される。国家の監督官庁は、アーカイブの業務を委託手続により自然人および法人に分配する。登録は、実質審査なしに行われる。アーカイブは、人的編成主義により運用される。自動車の場合は、ID番号があれば、目的物によって検索することもできる。アーカイブは、誰でもアクセスできる。アーカイブに登録され

geschäft, JoR, 2. Halbband 1999, S. 283-326.

た事項は、その公開性により既知のものとされる。この法的擬制により、反対の証明は許されない。ただし、担保権設定者が担保目的物を処分し、その価額が1,000ユーロを上回らない場合は、担保権者は担保権を失うが、担保権は、売却益に及ぶ。譲受人の善意・悪意は問わない。担保権設定者は、いつでも担保目的物を処分できる。処分を制限または禁止する合意は、無効である。担保目的物の価額が1,000ユーロを超える場合は、担保権者の同意がない限り、担保権が譲渡に付着する。

　優先順位は、登録順である。ただし、目的物を融資した債権者および留保所有権者は、先に登録された担保権者に優先する。国家の公租賦課の優先権を含む先取特権も、アーカイブにおける登録により、動産担保権に優先する。付合・混和・加工があった場合は、担保権は、その後の製造物に及ぶ。ただし、優先順位を維持するためには、これらの変動があった時から15日以内の登録が必要である。順位を維持するための仮登録も認められている。この場合、2か月以内に担保権の設定を行う必要がある。順位を変更する合意は禁止されている。担保権者は、債権回収のために担保目的物を随意に売却することができる。ただし、担保権設定者との間に特段の合意がない限り、合理的な商慣習の原則に従って、最高値を目指す義務を負う。法律は、第三者への直接売買、新聞広告による競売、公開市場における売却という三つの換価方法を挙げている。買主は、担保物権またはその他の負担のない担保目的物を取得する。売却益は、担保権者が第一順位で取得する。充当後に残額がある場合は、他の担保権者の債権が満期になっていなくても、配当がなされる。担保権者は、換価に関する法律上の規定に違反した場合は、被担保債権の30パーセントまたは市場価格と売却価格の差額のいずれか高いほうの金額を担保権設定者に支払わなければならない。非占有担保権は、倒産の場合も有効である。担保権者は、担保目的物から優先的に弁済を受けることのできる別除権を行使できる。

　ポーランドにおいては[17]、登録担保権および担保権登録簿に関する法律が

---

17) *Ernst:* Mobiliarsicherheiten in Deutschland und Polen, S. 123 ff.; *Link:* Kreditsicherungsrecht in Polen, S. 22 ff.; *Post:* Die Sicherungsübereignung im polnischen

1996 年 1 月 1 日に施行された。登録担保権は、担保権登録簿への登録によってのみ成立する。担保権設定契約は、書面により作成し、厳格な方式要件に従わなければならない。有効な設定のためには、標準書式の使用が必要である。登録手続は、1 週間足らずで終了する。申請書には、担保権設定契約を添付しなければならない。担保権登録簿は、簡易裁判所に備えられ、電子的に管理されている。担保権登録簿は公開され、登録簿に添付された証書も公開される。登録の有無を証明する証明書および謄本は、申請があれば、誰にでも交付される。インターネットでは、誰でも登録をすれば、担保権登録簿の登録情報を閲覧できる。公証力により、登録簿に公開された情報を知らなかったという主張は、誰にも認められない。ただし、必要な注意を払ったにもかかわらず、知ることができなかった場合は、この限りでない。登録所が登録内容について不正確な情報を提供した場合は、国家賠償責任が生じ得る。登録申請は、真正であると推定されるが、これは、担保権設定契約の当事者に対してのみである。当事者は、申請事項が正確に登録されているか否かを確認する義務を負う。担保権が有効に設定されなかった場合は、登録内容から、当事者の負担で担保権の存在が導かれるわけではない。それゆえ、登録は、第三者に対し積極的公証力を有しない。

　被担保債権となり得るのは、既存の金銭債権、将来の金銭債権、条件付きの金銭債権である。担保権は、債務関係から生じた債権のみを担保することができる。担保目的物となり得るのは、すべての動産および譲渡可能な財産権、債権および無体財産権、有価証券に基づく権利、ならびに有価証券以外の金融商品に基づく権利である。海上航行船舶は、独自の登録簿があるので、除外され

---

Recht unter Berücksichtigung des Gesetzes über das Registerpfandrecht und das Pfandregister, S. 214 ff.; *Drewicz-Tulodziecka:* Immobilien, Grundeigentum und Sicherheiten in Polen, S. 248 ff.; *Beczyk:* Dingliche Sicherheiten in Polen in systematischer Darstellung, in: *Drobnig/Roth/Trunk,* Mobiliarsicherheiten in Osteuropa, S. 101-117; *Zoll:* Verfahrensrechtliche Aspekte dinglicher Kreditsicherheiten im polnischen Recht, in: *Drobnig/Roth/Trunk,* Mobiliarsicherheiten in Osteuropa, S. 119-168.

る。将来取得する物も、担保に供することができる。担保権は、担保権設定者が目的物を取得することにより成立する。物および権利の集合物は、たとえ構成物に変動があっても、担保権を設定することができる。企業が全体として所有権類似の権利の対象となり得るのかは不明であるため、担保目的物になり得るのかは、争いがある。担保権設定者の属性には制限がないが、担保権者は、経済活動を行う場合にのみ、被担保債権が業務から生じたものでなくても、登録担保権の受益者となり得る。ポーランドにおいて営業活動をしない者は除外されるが、銀行またはその他類似の団体は除外されない。これは、不当な差別規定である。他人の物に対する登録担保権の設定は、担保権の善意取得となるが、引渡要件は、登録簿への登録に代替される。担保目的物に混和・付合・加工があった場合、登録担保権は、その物に残る。元の物に複数の登録担保権が付いていた場合は、登録の時点に応じて、法的効力が決定される。特段の契約上の合意がない限り、担保目的物の滅損、毀損または価値の減少があった場合は、登録担保権は、担保権設定者の損害賠償請求権に及ぶ。毀損の場合は、代替物に担保権が成立する。担保権の付いた動産が不動産の構成物となった場合、登録担保権は消滅する。この場合、担保権者は、当該動産の価額まで、土地に対する抵当権を設定するよう求める権利を取得する。拡大した担保権の設定は認められる。それゆえ、債権消滅後の取引関係から生じた新たな債権は担保される。

　複数の登録担保権の優劣については、登録申請の時点が基準となる。同一日に登録申請がなされた場合は、担保権は同一順位となる。商品倉庫に対する担保権とその商品倉庫にある個々の商品に対する後続の担保権の関係は、該当の判例がないため明らかでない。法律は、この特殊なケースを規定していない。一般規則を適用すれば、個々の商品に対する後の担保権は、集合物に対する先の担保権に劣後する。担保目的物は、担保権設定者の業務の範囲内において譲渡される限り、善意・悪意を問わず、負担なく取得される。在庫の変動する集合物に対する担保権の場合は、その時々に帰属する個々の商品が常に目的物となる。担保権設定者は、その業務に属し、担保権設定契約において譲渡の禁止

が合意されていない限り、これらを譲渡する権利を有する。この禁止条項に違反して行われた譲渡は、譲受人がそれを知らず、かつ必要な注意を払っても知ることができなかった場合は、有効であり、物を負担なく取得する。担保権者は、約定に反した担保目的物の譲渡があった場合、被担保債権の即時の弁済を求めることができる。理論的には、譲受人が必要な注意を払っても登録事項を知ることができなかった場合、負担のない善意取得があり得る。たとえば、登録簿の記載が誤っていた場合が考えられる。

　債権の回収は、強制執行によるのが通常である。当事者は、法律上認められた裁判所外の換価手続によることを担保権設定契約において合意することもできる。このような条項は、担保権登録簿に登録された場合にのみ有効である。この場合、債務名義は必要ない。担保権者による換価の通知があった場合、担保権設定者は、債務不存在または満期未到来の確認の訴えを起こすことができる。複数の担保権者の請求が競合した場合については、完全な規律は考えられておらず、むしろ規定しないで放置されている。担保目的物は、引渡しを受けて、公証人または裁判所執行官による公開の競売にかけることができる。私的売却は、強制執行によった場合と同じ効力を有する。さらに、有価証券口座に登録された金融商品に登録担保権が設定された場合は、担保権者は、履行期限の到来により、担保目的物を自ら取得することができる。同じことは、一般に取引されている物、ならびに設定契約において価額が正確に特定された物、債権、権利についても、当てはまる。担保目的物は、正確に換算できるものであるから、換価の残高を計算することができる。残高がある場合は、担保権設定者に返還される。このような充当方法は、特に複数の担保権が一つの物に設定され、かつ複数の担保権者が自己取得権を認められている場合は、問題である。法令および実務がこれによって生じる問題の解決を見出していないのは、驚くべきことではない。担保権者は、企業の構成物が登録担保権の目的物である場合、その企業の収益または賃料によって、債権を回収することができる。前者については、強制的な管理人を任命しなければならない。この債権回収方法は、担保目的物ではなく、かつ担保目的物よりもはるかに広範な物への介入となる。

関係規定は、極めて僅かであり、立法者の意図は明らかでない。倒産手続では、担保権者は、別除権を有する。裁判所外の換価または自己取得が合意された場合は、倒産手続において考慮される。ただし、このような換価方法は、担保目的物を含む企業全体の売却のほうが有利であった場合は認められない。登録担保に通常であるように、担保目的物が担保権設定者の占有にある場合は、これを売却し、債権に充当することが求められる。担保目的物が企業の構成物であり、全体として売却するほうが有利である場合は、担保目的物は、企業とともに売却される。これに反する合意を主張することはできない。企業の売買契約では、制限担保物権の付いた目的物の売却価額は、別に記載されるべきである。これにより、売却額から担保目的物の価額が分離され、担保債権に充当される。

ハンガリーにおいては[18]、担保権に関する規定が 2003 年改正後の民法典にある。ハンガリー法は、動産との関係でも、抵当権という概念を使用している。それゆえ、登録担保権は、動産抵当権である。動産抵当権により、個別の債権、複数の債権、将来債権、条件付き債権、無条件債権は、金銭で特定されているか、または特定できる限り、担保され得る。債権の上限額は、登録簿に登録しなければならない。将来の物および負担のある物を含むすべての譲渡可能な物は、担保目的物となり得る。種類物および集合物も、担保に供することができる。非占有担保権に関する規定によれば、権利および債権を担保に供することは、財産担保権に適用される例外規定により認められない。さらに、有価証券および有限責任会社の持ち分が目的物になるのかは、争いがある。財産担保権は、法人の全財産もしくは独立の営業単位または法人格のない営利団体に設定

---

18) *Andova,* Das Mobiliarpfandrecht in Österreich, Ungarn, Tschechien und der Slowakei, S. 90 ff.; *Illa,* Grund-eigentum und Sicherheiten in Ungarn, S. 132 ff.; *Bodzasi,* Neuregelung der dinglichen Kreditsicherheiten im ungarischen Zivilgesetzbuch – Teil I, WiRO 2008, S. 262-266; *Harmathy,* Das Recht der Mobiliarsicherheiten – Kontinuität und Entwicklung in Ungarn, in: *Kreuzer, Karl,* Mobiliarsicherheiten – Vielfalt und Einheit, S. 43-74.〔訳注〕ただし、2013 年 2 月 11 日に新しい民法典が可決され、2014 年 3 月 15 日から施行されたことについては、本書に収録されたラヨシュ・ヴェーカーシュ「遅れてきた私法法典化―新しいハンガリー民法典」参照。

することができる。ハンガリーの財産担保権に特徴的であるのは、担保権の成立後に財産に含まれた財産価値には、自動的に財産担保権が及び、担保財産から切り離された物については、担保権が消滅することである。担保権設定者の営業財産全体に担保権が設定された場合は、営業を監督する権利を担保権者に付与することができる。財産担保権者は、原則として、他の担保権者に対し優先権が認められている。例外は、構成物となる前に、その構成物に担保権が設定され、善意の第三者が商取引において当該構成物に対する占有担保権を取得した場合である。在庫の変動する物を担保目的物とした場合、担保権登録後に取得した物に担保権が及ぶか否かは、明確に規定されていないが、担保権の範囲に関する紛争を防止するための合意は可能である。担保権設定契約の時点に全く存在しない物に対しても、動産抵当権を設定できるか否かは規定されていない。非占有担保権の設定を商人に限定しないという立法者の判断も、通常とは異なる。担保権者および設定者の人的範囲の制限は存在しない。

　担保権の設定は、公証人の認証を受けた担保権設定契約の締結により行われる。公正証書は、公的証書として、真正の推定および完全な証明力を有する。それは、債務名義とされ、事前の裁判手続なしに執行を可能とする。契約の変更も、同様に厳格な方式要件を満たす必要がある。裁判所は、これにより執行文言を付与する。非占有担保権の成立要件は、担保権設定契約以外に担保権登録簿への登録であり、それは、公証人役場で行うことができる。登録義務のある物（航空機、水上航行物）については、それぞれの登録簿への登録が行われなければならない。完全にコンピュータ化された担保権登録簿は、公証人役場で管理され、中央情報システムの一環として運用されている。そこでは、ある物に担保権が設定されているか否かは、端末で調べてもらうことができる。公証費用は、契約価額の一定割合で算定されるので、比較的高い。登録は、消極的公証力を有するので、登録がないことを理由に、担保権がないことを前提とした取引は、担保目的物の負担のない取得をもたらす。これに対して、担保権登録簿は、登録の正確性に対する信頼の保護という積極的公証力を有しない。担保目的物に減損のおそれがある場合は、担保権者は、差止め、修理、原状回復、

追加的担保のいずれかを求めることができる。債務者がこれに従わない場合、担保権者は、満期の到来前であっても、即時の弁済を求めることができる。担保目的物の重大な価値減少および担保権設定者による追加担保の拒否があった場合、融資契約は、猶予期間を設けることなく解除することができる。このようなことは、他の被担保債権の場合には認められない。

　優先順位は、原則として登録の時間的順序により決定される。ただし、順位は、担保権設定者の仮登録により確保することができる。優先順位を維持するためには、1年以内に担保権の設定を行わなければならない。また、担保権が登録簿から全部または一部抹消された場合、担保権設定者は、この空きになった順位を処分することができる。すなわち、抹消された担保権の価額まで新たな担保権を従来の担保権者または新たな担保権者のために設定し、この担保権を従前の後順位の担保権に優先させることができる。さらに担保権は、被担保債権が成立する前にも有効に設定することができる。すなわち、担保権設定者は、附従性のない、いわゆる独立担保権を利用することができる。担保権の譲渡は、債権譲渡の形で行われる。動産抵当権の善意取得の可能性を認めた規定は存在しないので、登録を占有の代わりとみなすことによってのみ、このような善意取得が考えられるであろう。これに対して、担保権設定者は、新たな担保権を設定するため、担保目的物を占有する必要がないから、このような善意取得は、濫用されやすいと批判される。しかし、担保目的物の負担のない取得は、原則として登録簿への登録により排除される。例外は、商取引、日常業務、あるいは、少額と思われる日常生活の範囲内における譲渡のみである。要件は、譲受人の善意である。

　原則的な換価の方法は、強制執行である。債権を根拠づける執行宣言のある公正証書は、債務名義となる。同様に、公正証書の方式による担保権設定契約は、債務名義とされる。非占有担保権については、公正証書によることが成立要件であるから、これが常に当てはまる。担保権者は、他に登録担保権があるか否かという情報を得るためには、公証人のところに行くしかない。このようにして判明した担保権者は、執行手続に参加したいのであれば、申立てをする

よう求められる。さらに、当事者は、債務不履行の場合に、担保目的物を執行手続によらずに共同で売却するか、換価を担保権者一人または第三者に委ねる旨の合意をすることができる。最低売却価格およびその算定方法は、契約により定めておかなければならない。登録担保権は、倒産との関係では、部分的な別除権という形で、複雑かつ制限的な独立性を保っている。すなわち、換価費用を除いた担保目的物の売却益の半分についてのみ、別除権を有する。債権の残額は、倒産手続の費用を控除した一般破産財団の売却益から、第二順位で回収することができる。

スロバキアにおいては[19]、一般的な非占有担保権は、2002 年の民法典改正により導入された。担保されるのは、現在、将来および停止条件つきの金銭債権ならびに非金銭債権である。私法的法律関係の対象となり、譲渡可能なものは、すべて担保に供することができる。集合物および企業全体についても、登録担保権を設定することができる。この場合、担保の目的物となった企業ないし集合物から切り離された物にも、担保権が及ぶのか、また担保権設定後に取得された物にも、責任が拡張されるのかは、法律に規定されていない。それゆえ、このような法律効果は、当事者が合意しなければならない。将来の財産も、担保目的物とすることができる。担保権設定契約については、書面が要件とされている。登録担保権は、登録により成立する。登録費用は、被担保債権の価額による。登録権者は、原則として担保権設定者であるが、一定の場合は、担保権者である。登録担保権は、登録されていない担保権より優先的に担保目的物の換価による売却益から弁済を受けるので、占有担保権についても、登録が望ましい。海洋航行船舶および航空機については、特別の登録簿がある。担保権設定契約の様式は、特に法律で規定されていない。公証人は、実体法上の審査を義務づけられていない。公証人は、単に申請者の同一性および行為能力ないし代理権を審査し、申請書にすべての登録事項が記載されていることを確認する義務を負うだけである。申請の内容については、申請者のみが責任を負う。

---

19) *Andova,* Das Mobiliarpfandrecht in Österreich, Ungarn, Tschechien und der Slowakei, S. 200 ff.; *Stessl,* Real Property Rights in the Slovak Republic, S. 120 ff.

その結果、登録情報からは、記載事項が有効な担保権の成立を示しているのか否かが分からないだけでなく、誰が担保目的物として登録された物の所有者であるのかも分からない。それゆえ、登録の効力は、消極的公証力に限定される。コンピュータ処理のなされた一般の担保権登録簿は、公証人役場で管理されている。誰でも無料で公証人役場のウェブサイトから登録簿を閲覧し、登録事項の謄本を請求することができる。情報の分類は、人的編成主義により行われる。検索方法は、担保権設定者、担保権者、目的物の記載、登録年など、様々な基準で行うことができる。一つの目的物に複数の担保権がある場合は、優先順位は、登録順である。

　優先順位は、合意により変更することができる。空白になった順位の処分は、認められていない。個々の物と集合物の両方に担保権が競合した場合の優先順位については、法律に規定がない。登録順の原則を維持することも考えられるが、問題がある。担保権設定者の日常業務の範囲内では、負担のない取得が認められ、譲受人の善意は問わない。その他の場合は、負担のない取得のためには、登録簿の閲覧が求められ、その意味では、注意義務が課されている。登録簿の閲覧によって担保権を確認できない場合、たとえば、新たな所有者の人的編成簿に登録がない場合、担保権設定者の人的編成簿に記載がない場合などは、登録担保権は消滅する。これは、登録簿の消極的公証力から導かれる帰結である。担保権設定者の責めに帰すべき価値の減少または担保目的物の滅失があった場合の法的効果は、当事者が自ら決定しなければならない。この点に関する法律上の規定は十分でない。

　法律上は、強制執行だけでなく市場における競売や契約により合意された方法による換価も認められる。強制執行は、債権が執行合意のある公正証書によるものでない場合は、裁判手続を必要とする。判決は、様々な方法による担保目的物の売却を可能とする。優先債権は、競売価格から優先的に弁済を受けることができる。優先債権は、職権により探知されるのか、それとも届出によるのかは、詳しく規定されていない。強制執行が一般債権者から申し立てられた場合は、担保権者の同意によってのみ実施される。契約上の合意による換価が

なされる場合は、担保権者は、担保権設定者および他の債権者に換価の開始を通知し、相当の注意を払って目的物を売却する義務を負う。裁判所外の市場における競売は、債務名義を必要としない。担保権者は、単に債権を有すること、その金額および満期の到来を、書面で表示する義務を負うだけである。他の登録担保権者の所在は、競売人ではなく担保権者が確認しなければならない。担保権者は、競売価格の配当についても権限を有する。裁判所外の換価の場合、譲受人は、回収をした債権者の担保権が第一順位である場合にのみ、負担のない所有権を取得する。換価によって得られた残額は、後順位の担保権者のために供託される。後順位の担保権者による換価の場合は、先順位の担保権者の担保権の付いた所有権が移転する。競売に関する規定の違反があった場合は、損害賠償が規定されている。登録担保権は、倒産の場合も有効であり、別除権により弁済を受けることができる。担保目的物の換価は、競売だけでなく他の方法により行うこともできる。担保権設定者自身が倒産債務者でない場合も、担保権者は、満期となった債権を届け出て、担保目的物の換価売却益からの弁済を求めることができる。なぜなら、倒産の宣告により被担保債権の満期が到来し、担保権を実行する権利が生じるからである。倒産した担保権設定者自身が債務者でない場合に、担保権者が担保目的物から弁済を受ける権利を主張できるか否かは、明らかでない。

　チェコにおいては[20]、2001年の民法典改正法により、担保権に関する規定が

---

20) *Andova,* Das Mobiliarpfandrecht in Österreich, Ungarn, Tschechien und der Slowakei, S. 151 ff.; *Ebner,* Grundeigentum und Sicherheiten in Tschechien, S. 95 ff., 120 f.; *Giese/Fritzsch,* Das neue Pfandregister und die neuen Verwertungsmöglichkeiten für Pfandgegenstände in Tschechien, WiRO 2002, S. 270-272; *Holler,* Vertragsgestaltung gegenüber tschechischen Geschäftspartnern – Rechtswahl, Kreditsicherheiten und Gerichtsstand im deutsch-tschechischen Geschäftsverkehr, WiRO 2007, S. 353-358; *Tichy,* Mobiliarsicherheiten im tschechischen Recht, in: *Drobnig/Roth/Trunk,* Mobiliarsicherheiten in Osteuropa, S. 203-224; *Zoulik,* Verfahrensrecht der dinglichen Mobiliarsicherheiten in der Tschechischen Republik, in: *Drobnig/Roth/Trunk,* Mobiliarsicherheiten in Osteuropa, S. 225-228.

改正され、担保目的物の引渡しに代わる登録によって、動産に担保権を設定することができるようになった。金銭債権だけでなく非金銭債権も、担保することができる。後者の場合は、金銭相当額が担保されたとみなされる。少なくとも法的根拠および金額について被担保債権が特定されていることが、担保権設定の実質的成立要件である。将来債権、条件付き債権および種類債権を担保することも認められる。非占有担保権の目的物は、動産、企業、集合物、物の集合であるが、後二者の区別は明らかでない。集合物においては、後に取得または製造された物が担保に含まれるのか、また個々の物の譲渡が負担なく行われるのかについて、規定がない。企業担保権についても、その実質的成立要件に関する特別規定は存在しない。担保権は、担保目的物の従物、付合物および分離できない果実に及ぶ。将来取得される物を担保に供することができるのか否かは、規定されていない。債権は、無体物であるから、チェコ法上、登録できないものと考えられ、それゆえ登録担保権の目的物とすることができない。

　担保権設定契約については、公正証書の方式が要件とされる。担保権は、中央情報制御システムにより運営される公証人役場の担保権登録簿に登録されることにより成立する。登録は、そのための申請を要することなく、直ちに公証人によって行われる。登録は、電子的に通し番号を付けて保存される。それゆえ、物に関する決定的な記載が担保目的物の表示となる。担保権登録簿の編成は、物的編成主義によっている。特別な登録簿に登録された物については、担保権の二重登録が規定されているが、それは、通常、宣言的な性質を有するにすぎない。その例外は、航空機および海上航行船舶の場合である。担保権登録簿は、電子方式の非公開の登録簿である。公証人は、正当な利害を証明する者、または担保目的物の所有者の同意書を提示した者に対してのみ、情報を提供することができる。法律の条文からは、立法者は、登録簿に積極的公証力を付与する趣旨であったと推測される。すなわち、登録事項を援用した第三者に対し、当該事項が真実に反するという抗弁を主張することはできない。法律は、担保権登録簿の登録内容を信頼して行動した者の保護を命じている。消極的公証力については、規定が欠缺しているが、登録簿は、このような効力も有すると考

えられる。これと異なる解釈は、登録簿の物的編成主義の趣旨およびそこから導かれる結果の妥当性により受け入れることができない。もっとも、善意取得に関する規定が欠けているのであるから、積極的公証力さえないとも考えられる。

　一つの物に複数の担保権が設定された場合は、登録の時点により優劣が定まる。金銭融資と商品融資が競合した場合、あるいは、集合物の担保権とそれを構成する個々の物の担保権が競合した場合にも、例外は認められない。担保目的物の価値が少なからず失われた場合、担保権者は、相当の追加担保を求めることができる。債務者がこれに従わない場合は、担保の不足分について、被担保債権の満期が到来する。担保目的物が滅失した場合は、担保権も消滅する。担保の追加義務は、融資契約の場合にのみ生じる。弁済は満期の到来にかかっているから、担保権設定者の責めに帰すべき滅失、価値の減少または毀損があった場合など、当事者が期限の利益の喪失事由を合意することができるか否かという問題が生じる。チェコの法令および学説は、この点について何も述べていない。チェコ法では、賠償金や保険金などの代替物に対し、登録担保権が及ぶ旨の法規定が欠けている。担保目的物の負担のない取得および善意取得についても、規定がない。法律は、特段の規定がない限り、担保目的物の譲受人に対し、担保権を対抗できる旨を定めている。譲受人は、登録の閲覧によってのみ保護される。しかし、誰でも登録簿を閲覧できるわけではない。このような法律の状況から、担保権設定者の日常業務の範囲内および在庫の変動する物の譲渡については、負担のない取得を認める必要性がある。

　担保目的物の換価は、強制執行および市場における競売によってのみ行うことができる。かつては、担保権者による私的譲渡も認められていたが、廃止された。担保権設定契約が公正証書によるだけでは、債務名義とならない。そこで、裁判手続の代わりに、簡易かつ迅速な担保目的物の裁判所による売却命令の手続が定められている。しかし、債権が公的に認証された執行合意のある契約に基づく場合は、直ちに執行することができる。売却は、裁判所の競売により行われる。強制執行規定は、裁判所執行官による換価の実行も認めている。

他の債権者による担保目的物に対する執行においては、配当の際に担保権者の債権が考慮されることが法律に規定されている。しかし、誰が担保権および担保権者の存在を調べなければならないのかは、規定されていない。裁判所外の換価は、専ら競売によって行われ、かつ債権が執行宣言のある公正証書によるか、または執行力のある裁判所の判決ないし仲裁判断が存在する場合にのみ認められる。裁判所外の競売の長所は、迅速な回収を可能とする点にある。現に、競売の期日は、競売が公告され、所有者に通知が送達された時から15日後にすることができる。強制執行による換価と異なり、担保目的物のすべての担保権が消滅するとは限らない。届出のあった債権を担保する最も古い担保権よりも前に成立した届出のない担保権は、付着し続ける。したがって、負担の付いた所有権を取得するおそれがある。さらに、裁判所外の競売については、長い異議申立期間が規定されており、これも実務的な価値を弱めている。担保権設定者が倒産した場合は、被担保債権の満期が到来したものと扱われ、別除権による弁済を受ける。換価は、専ら市場における競売により行うことができる。担保権設定者が同時に倒産債務者でない場合も、担保目的物は、破産財団の一部とされる。この場合も、担保権者は別除権を有する。担保権設定者が倒産し、同時に被担保債権の債務者でない場合の法律関係は、明らかでない。債権を届け出て、別除権による弁済を求めることができるのか、単に担保権を主張することができるだけであるのかは、争いがある。

## Ⅳ. 各国法の概要の帰結ならびに担保権登録簿の構築および非占有担保権の形成に関する結論

様々な法および非占有担保権の多様な形成過程を比較法的に考察することにより、登録担保権の効力を様々に特徴づけ、この担保形態の創設ないし発展の際に考慮すべき問題点および様々な解決が明らかとなった。非占有担保権は、特別法だけでなく民法典にも規定されている。特別法による規定は、しばしば非占有担保権の特に商法的な方向性に関係する。それが法典に埋め込まれてい

る場合は、すべての法人および自然人に開放されている。しかし、特に所有権留保など、他の担保権との機能的関連性は、十分に評価されていないか、または完全に棚上げされている。それにもかかわらず、金融取引における一般的な登録制度の創設および法的安定性にとって、すべての動産担保権を共通の規定に服させることは、極めて重要である。

　引渡要件の廃止および特定性の原則の緩和（個別に特定された物だけでなく、一般的に特定できる物および種類物も担保に供し得ること）は、以上で考察した法のすべてにおいて見られるところであり、すべての譲渡可能な物および集合物、特に企業全体ないし営業単位を担保に供することを可能とする。物の譲渡可能性の有無は、広く登録担保権の事項的適用範囲の基準である。担保目的物の範囲を制限する法もある。場合によっては、集合物の担保を特定の営業単位、たとえば、倉庫や企業設備などに限定する例もある。これは、法政策的考慮によるものであり、一定の物または集合物の担保をその複雑性のゆえに実際的でないとする警戒感によるものである。比較法的考察によれば、このような懸念は、明確な規定により除去できる。特に集合物を一つの単位として画定するための定義をする際に、またはその流動的な構成物に担保を付着させたり、担保を外す際に、綿密な規定が設けられるべきである。人的適用範囲は、通常、商人性のある者に制限されている。それは、非占有担保権に通常である私的換価または裁判所外換価の可能性によるものである。一般消費者は、このような換価方法の場合に十分保護されない。非占有担保権は、原則として商法関係を対象とする。広い事項的適用範囲がこれを特徴づける。ただし、例外があり、リトアニア、ルーマニア、ハンガリーでは、個人にも登録担保権が開放されている。

　担保権設定契約は、書面または公正証書による。迅速な執行可能性を得るためには、高度な証明力および真正の根拠ある推定を伴った債務名義を必要とする。この目的は、公的に認証された契約によって達成することができる。しかし、これは、最もコストがかかり、往々にして極めて高額な方式であるから、商人の慣習にとって、典型的とは言えない。さらに、執行力にとっては、担保権設定契約よりも、むしろ債権契約が決定的に重要であることが多い。以下で

述べるとおり、ブルガリアでは、担保権設定者が登録申請をして、すべての関連の契約上の合意を確定するためには、書面の方式だけで足りる。担保権設定者の同一性および代表権が審査され、その意思表示が登録官の面前でなされて、記載されるのであるから、公証の必要はない。担保権者が申請をする場合は、契約における両当事者の署名または申請に対する担保権設定者の同意が公証人により認証されなければならない。このように簡易な意思表示の方式が公証とみなされる。公正証書の必要性に対しては、もう一つの反対理由がある。所有関係の審査は、少数の動産についてのみ可能であることである。登録の正確性に対する信頼はなく、それゆえ、存在しない法律関係ないし権利の登録がそれを信頼した第三者に対し実際に存在するものとされる、という意味での積極的公証力が生じることはない。この積極的公証力は、登録の基礎となる書類および所有関係の実質的審査を前提とする。法的安定性の観点からは、そこで初めて、公正証書が必要となる。調査された法の大部分は、形式審査だけでなく実質審査も行っている。

　担保権は、ほとんどすべての国において、登録簿への登録により成立する。ただし、ルーマニアおよびブルガリアでは、登録は確認にすぎない。第三者効は、担保権の発展に重要である。それゆえ、第三者効のない担保権は、比較的弱い権利である。それにもかかわらず、経済界では、債務の履行まで担保目的物の更なる拘束は期待されておらず、当事者間に信頼関係がある、という状況が見られる。商取引における法律関係について、私見によれば、当事者間の契約と登録コストの間の選択は、歓迎すべき契約自由の表れであると思われる。自然人も非占有担保権を設定できる国の法では、その権利保護を図るため、登録に創設的効力が付与されている。

　登録簿の構成、機能および公証力については、以下の点が特に注目に値する。担保権登録簿は、担保目的物の所有関係に関する情報を提供しない。動産は、活発な流動性を有する。無数の商品や製品などの毎日の在庫を登録簿に記載することなど、思いもよらない。さらに、多くの非占有物については、所有権の証明書がない。その理由は、流動性、取引の効率の要請、占有による権利保護

など、様々である。特別な物だけがその特定のために登載され、その所有関係を証明する特別な動産登録簿がある。このような証明力のある一般的な動産登録簿を作成することはできない。もう一つ注意すべきであるのは、動産の特定性である。動産の特徴として、その大部分は、他の物と区別し、特定できるように記載することができない。これは、担保権登録簿を物的編成主義により構築する可能性を排除する。学説の中には、物的編成主義と比べて人的編成主義は不十分である、と主張するものがあるが、このような主張は妥当でない。重要であるのは、人的編成主義から生じ得る問題を最小限にするため、どこまで正確に担保権登録簿を整備するのかである。善意取得により担保権が消滅したり、記載の不備のため登録簿に登録された物ないし担保権が見つからなかったり、日付の整理が不十分であったり、検索手段に欠陥があることがある。これらの望ましくない結果を減らすためには、人、すなわち担保権設定者だけでなく物による検索を可能にすることが重要である。物による検索は、その物を十分正確に記載することができ、識別番号、記号、製造番号などの特定方法がある場合にのみ可能となる。

　すべての東欧諸国の担保権登録簿は、電子システムにより中央制御されている。ただし、その運用は、必ずしも中央官庁ではなく、公証人ないし各公証人役場に委ねられていることがある。公証人は、その職務の範囲内においてのみ情報管理をするのであるから、同時に全体の効率、登録手続の監督、迅速な不服申立手続など、登録簿に典型的な行政の役割を担うことはできない。これは、裁判所または不動産登記所に設けられたり、商業登記簿の一部として設けられた担保権登録簿についても当てはまる。場合によっては、一省庁に帰属させる独立の制度として、一般的中央登録簿を構築することが望ましい。担保権登録簿の効力にとって決定的であるのは、一般登録簿として創設することである。それは、すべての動産担保権にとって、公開性をもたらす。しかし、非占有担保権は、重要な担保権であるから、それゆえにこそ、担保権登録簿という名称が広まった。一般的な担保権登録簿が存在してこそ、他の担保権が存在したり、第三者に対抗できたりすることがなく、それゆえ複数の担保権の間における不

測の優先権の競合を避け、所定の予測可能な場合にのみ負担のない取得が可能となる。この担保権登録簿の包括的な機能を確保するためには、複数の登録簿への拡散を避けなければならない。登録義務のある物については、この物に関する法律関係を規律する特別な登録簿が存在するのであるから、そこにも登録をすることが必要である。このような登録は、原則として担保権登録簿への登録を補完するものであるが、取って代わるものではない。しかし、二重登録は、時間的および金銭的なコストの増加を招く。それゆえ、有価証券、特許、企業、会社の持ち分などの特殊な物は、各登録簿への登録だけで十分ではないのかを考えるべきである。結論的には、一般的、独立的および集中的に構築された電子制御の担保権登録簿だけが現在直面する課題、すなわち、金融取引における信頼保護、債権者の担保権の保護および明確な優先順位を達成することができると思われる。

担保権登録簿は、形式的および実質的（積極的および消極的）公証力を有する。形式的公証力は、登録簿の開示機能、すなわち、どの程度の人が登録情報にアクセスできるのかに関わる。通常は、誰でも閲覧可能である。ただし、担保権設定者の同意または利害の証明を求めるという例外も少しはある。このような制限は、担保権設定者の財産関係を公にしない利益を考慮したものである。それは、理解できるにしても、金融取引にとって絶対に必要な情報であるから、公示の制限を正当化するものではない。担保権設定者が同意を拒否する場合は、不信感を起こさせるだけであり、交渉の相手は、取引を控えるであろう。結果的に、担保権設定者の同意ないし利害の証明は、債権者の負担を増すだけである。さらに、負担のない善意取得は、登録簿が誰にでもアクセスできる場合、すなわち、無制限の閲覧が保証されている場合にのみ排除される。そうでない場合、担保権者は、担保権を失うおそれがある。しかし、ほとんど注目されない公開原則の副次的問題としては、担保権登録簿に記載され明示される事項の範囲がある。担保権に関わる情報のすべてを完全に届けなければならないことは、容易に理解できるところである。比較法的考察によれば、換価の約定の第三者効を登録ではなく契約条項によらせている国がある。しかし、私見によれ

ば、これは望ましくない。担保権の幾つかの問題については、専らそれに関する記載の登録に基づいてのみ、第三者効が生じるのに対し、その他の問題については、登録がないのであるから、担保権登録簿の効力が弱まることになる。担保権について知られざる情報があり得るとしたら、第三者は、登録簿の信頼保護に全面的に頼ることができない。担保権が登録されていない場合は、第三者の利益に反して、その存在を対抗することはできない。しかし、換価方法が公示されないのであれば、上記の場合、第三者の利益に反する結果が生じるであろう。さらに、担保権の詳しい情報を知るために、いちいち担保権設定者に照会しなければならないとしたら、金融取引は困難となる。

　すべての担保権登録簿は、消極的公証力を有する。金融取引は、登録簿に記載がないことを信頼してよい。関係事実であっても、登録されていなければ、第三者に対抗することはできない。そこから生じる結果は、担保目的物の負担のない取得の可能性である。積極的公証力も認められるか否かは、それほど明らかでない。それによれば、登録簿に記載された内容については、取引が保護される。記載の真否は問わない。第三者は、登録簿に示された担保権設定者の所有権または処分権を信頼してよい。したがって、その第三者は、所有権ないし処分権を導く記載事実を援用することができる。しかし、私見によれば、担保権登録簿の積極的公証力を認めるべき理由はない。動産の所有関係は、前述のとおり、部分的にのみ確認することができる。このような状況では、登録された事項が真実に合致するという信頼は、限定的にのみ可能となる。そして、積極的公証力は、まさに登録された担保権の存在に対する信頼の保護を意味する。積極的公証力は、担保があると信じられた債権および実際には存在しない担保権を取得する第三者を保護することになる。それは、同時に担保目的物の所有者にとって危険をはらんでいる。すなわち、所有者の知らない間に、担保権が登録されることが考えられる。このような観点からも、登録担保権の善意取得を認めることは望ましくない。ただし、担保権登録簿の積極的公証力を規定する法もある。たとえば、エストニアの商業担保権登録簿は、積極的公証力を有する。しかし、これは、企業担保権と称されているように、商業担保権に

のみ関わる。

　大部分の法は、権限のない者による担保権の善意取得を認めていない。ポーランド法は、これを認め、リトアニア法は、商業担保権である企業担保権についてのみ、これを認める。そこでは、所有権の善意取得と同じ要件が課されており、担保権者は、担保権設定者の処分権について善意でなければならない。登録によって代替されているので、引渡要件はないけれども、所有権の推定が働くためには、担保権設定者が担保目的物を占有していなければならない。
　担保権登録簿は、担保権者を担保権設定者の契約違反による処分行為から守ることも目的としているので、担保権の登録が担保目的物の負担のない取得の可能性を排除できるものでなければならない。担保権が公開の登録簿に登録された場合は、その公証力のゆえに、善意が認められる余地はない。そして、担保権登録簿が対象を限定せず、公開され、適正に構築されている場合は、誰もが登録簿に登録された事項を調べるよう求められる。その結果、原則として担保目的物の負担のない取得は認められない。ラトビアは、唯一の例外であり、誰でも閲覧できる商業担保権登録簿に登録されている場合も、善意取得が可能とされる。他方において、担保権設定者の日常業務の範囲内の取引の場合は、調査が求められたり、負担のない取得が認められないことは、商取引の過剰な負担となるであろう。一般に流通商品はそうである。これらの物に担保権が設定されているか否かを調べることは、期待できない。そこで、大部分の法は、善意を要件とすることなく、負担のない取得を認める。したがって、担保権設定者の取引相手は、担保権登録簿の閲覧義務を免れる。さらに譲渡禁止特約があることを知っていても、無関係である。
　比較のために言うならば、米国法および国連国際商取引法委員会(UNICITRAL)の担保取引法ガイドによれば、日常業務の範囲内における譲渡の場合であっても、譲渡人が負担のない譲渡の権限を有しないことを、譲受人が知っていた場合は、負担のない取得が認められない。ラトビア、リトアニア、スロベニアは、日常業務の範囲内における負担のない取得に関する規定を置いていない。これらの国では、担保権設定者は、担保権者の同意書がある場合にのみ、譲渡の権

限を有する。チェコでは、担保権設定者の経済活動の範囲内においても、負担のない取得が認められている。このような規定は、たとえば、工場の設備や営業施設に関わるので、その妥当性は疑わしい。経済活動であることを口実として、担保権を空洞化するおそれがある。若干の国やモデル法では、担保目的物のごく一部分または日常生活の目的物については、負担のない取得を認めている。登録簿が人または登録番号だけでなく物によっても検索できる法では、負担のない取得が認められるケースが制限されている。その結果、担保権が設定された物は、譲渡人の人的編成簿から担保の存在が分からない場合も、担保権が付着する。従前の所有者の人的編成簿から、担保権が分かるからである。

　比較法的調査によれば、例外的に負担のない取得が認められる場合は、主に三つある。すなわち、日常業務の範囲内における譲渡の場合、集合物の一部として担保に供されている物の取得の場合、そして、譲渡人以外の他人の人的編成簿に登録されているため、登録簿の閲覧によって担保権を見つけることができない場合である。特に集合物については、負担のない取得が問題となる。チェコなど、幾つかの法は、集合物からの切り離しが負担なく行われるのか否かを規定しておらず、その結果、法的不安定を生じている。そこで、当事者は、契約に規定しておくよう注意しなければならない。通常は、集合物の一部は、日常業務の範囲内において負担なく取得される一方、新たに取得された物には、担保権が自動的に及ぶ。ブルガリアでは、担保目的物が集合物を離れた場合、それが取引の結果であるか否かを問わず、担保権は消滅する。それが一般に負担のない取得のケースである。後に集合物に入ってきた物に担保権が自動的に及ぶか否かは、様々に規定されている。スロベニアでは、個々の物であるか、集合物であるか、商取引であるかを問わず、担保権者の同意がなければ、負担のない取得が認められないが、これは、非占有担保権の商取引法的性質に反する。

　一つの動産に複数の担保権が設定された場合は、通常、登録順に優先権が決定される。たとえば、登録ないし申請が同じ日に行われた場合は、各担保権に同一順位を認める法がある。順位の変更に関する合意は、すべての国で認めら

れているわけではなく、ルーマニアでは、明文で禁止さえしている。順位を確保するための仮登録も、あまり規定されていないが、担保権設定の要件が整って、優先順位がある場合、設定自体は、後から行うことができる。ハンガリーでは、担保権設定者が担保権の消滅後に順位を確保することが認められている。担保権設定者は、これを将来の担保権者に譲渡することができる。その結果、登録順の原則が覆される。競合の特殊な例としては、担保に供された集合物の一部である物に対し、後に担保権が成立し、これらの担保権が競合するケースがある。この場合も、登録順の原則によるとしたら、登録簿の調査が困難となる。担保の有無を確認するためには、集合物に対する担保権を個々の物について調査しなければならない。しかし、順位の決定については、別の議論が当てはまる。そこで問題となるのは、多くの場合、金銭融資と商品融資の競合である。売主ないし調達融資者は、その融資が直接に担保目的物に関わるのであるから、優先権が認められるべきである。さらに、金銭債権者は、担保権設定者の大部分の財産を担保にとっており、その取引の自由を制約している。集合物に対する担保権と構成物に対する担保権の関係については、モデル法も解決を提供していない。しかし、個々の物に二つの担保権が競合する場合、常に売主の担保権に優先権が与えられる。

　譲渡禁止特約の効力は、様々であり、幾つかの国では、当事者間でのみ有効である。所有権は消滅するが、担保権は残る。ポーランドでは、譲渡の禁止は、相対的な効力を有する。譲受人がそれを知っている場合、譲渡は無効である。ルーマニアでは、譲渡禁止を知っている場合も、譲渡は有効である。譲渡の禁止については、登録による第三者効の付与が考えられるべきである。それは、一定の条件のもとでのみ目的を達成する。流通商品や日常業務の範囲内で譲渡される物については、取引利益が優先するので、譲渡の禁止は、当事者間においてのみ効力を維持すべきである。集合物を離れた目的物が負担なく取得されるブルガリアのように、取引行為外でも負担のない取得が認められる場合は、譲渡禁止の第三者効が望ましい。さもなければ担保権者は、流通商品でない目的物に対する担保権を失うおそれがあるから、これによって適切な強い保護を

受けることになる。

　少数の法は、非占有担保権の拡張を認める。さらに保険金や損害賠償金などの代替物に対しては、一般に非占有担保権が及ぶ。価値の減少、滅損、集合物の在庫の減少により、担保権は危機に晒される。この場合、幾つかの法は、債権の満期の前倒しを定め、迅速な換価を可能とする。このような法規制は望ましい。これが規定されていない場合は、当事者がこの問題を認識し、期限前の換価を合意すべきである。担保目的物が担保権者の同意なく譲渡された場合は、担保権者にとって、由々しき問題が生じる。担保権は残るが、譲受人が担保権設定者として登録されない場合は、担保目的物およびそれに付着した担保権は、もはや見出せないのであるから、第三者が負担なく取得したり、優先的な担保権を取得することがあり得る。この場合、担保権者は、損害賠償請求権を取得するが、それは、各国の裁判制度の有効性によって左右される。立法者は、譲受人が登録を行わなかったり、拒否した場合、過料の制裁を定めることもできる。しかし、それは、登録担保権の主要問題のままである。

　非占有担保権の場合に、裁判所外の換価に門戸が開放されていることは明らかである。それは、強制執行よりも迅速な回収を可能とする。ただし、チェコなどの幾つかの法は、裁判所外の換価の場合に競売のみを認める。他の国では、随意売却の方法が幾つか認められ、担保権者が自ら担保目的物を取得することさえ認められている。非占有担保権は、主に経済活動のために設けられているので、まさに私的換価は、その内容にとって、特徴的であり、有意義である。複数の担保権が設定された物の強制執行による換価の場合は、他の債権者の調査、通知および参加に関する詳しい規定が必要である。物に付着したすべての権利が裁判所の競売により消滅するのであるから、これが基本的な債権者保護の制度となる。それゆえ、立法者は、契約当事者に解釈の余地を認めることなく、明確なルールを提示しなければならない。それは、まさに裁判所外の換価における担保目的物に付着したすべての担保権の実行にも当てはまる。通常、換価を行う担保権者は、他の債権者を調査し、通知する義務を負う。他の債権者の利益は、自己および担保権設定者に対する注意および配慮にかかっている。

しかし、換価を行う担保権者にとって、他の債権を確認し、競合する権利に直面することは、直ちに利益となるわけではない。担保権者がこれらの義務に違反した場合の法的効果は、様々に規定されている。法的安定性の観点からは、競売ないし換価に対する異議申立てによる損害賠償請求権が優先される。しかし、一般的な損害賠償だけでは足りない。義務違反の要件をできるだけ詳しく規定することが、より良い権利保護を提供する。しかし、一つの担保目的物に複数の負担が競合する場合は、第三者に換価を委託し、その者がすべての担保権者の利益を図ることが妥当である。これによって、私的換価の場合に、他の担保権が残るか否か、すなわち、譲受人が物を負担なく取得するのか否かという問題が解決される。その他の物権をすべて単純に消滅させるという解決は、危険であり、正当化できない。ルールないし調整が欠けている場合は、このようなことが起きる。裁判所外の換価の帰結は、様々である。ポーランドでは、強制執行の場合と同様に、法的瑕疵のない物を取得すると定められている。それゆえ、換価により、すべての担保権者が弁済を受けるよう求められる。チェコおよびスロバキアでは、担保目的物に付着した担保権が換価を行う債権者の担保権よりも優先する場合は、換価後も担保権が残ることになる。これに対して、後順位の担保権は、売却益が十分でない場合は消滅し、残額がある場合は付着したままである。幾つかの法では、債権が公証を受け、直ちに執行できる契約に基づいているが、担保権設定者が自ら債務者でない場合も、裁判手続が不要であるか否かは、明確に規定されていない。担保権設定契約が債務名義である場合は、別の問題がある。この場合も、契約に対する異議申立ての各法状況に応じて、債権の再審査が必要となるかもしれない。

　一般債権者による担保目的物の強制執行の場合に、担保権者の権利が守られるのか否か、またどのようにして守られるのかは、法的に明らかでないことが多い。担保権者に第三者異議の申立権を認めることが望ましい。しかし、そのためには、担保権者に強制執行が通知されなければならない。通知は、執行債権者の義務とされるべきである。この点に関する規定が欠けていることが多い。しかし、これは、担保権の存続のために極めて重要である。担保権者による強

制執行の場合に、先順位の被担保債権が尊重されることも、法律により保証すべきである。それゆえ、誰が他の債権者を調査し、通知する義務を負うのかは、明文で規定すべきである。最も良いのは、裁判所の執行官である。執行を申し立てた担保権者に対しては、通知義務まで負わせることは妥当でないとしても、登録簿の謄本を調達するよう求めてもよいであろう。

立法者が随意売却を許す場合は、担保権者の注意義務の程度および詳しい内容ならびに義務違反の法的効果を法律上規定しなければならず、担保権設定者の十分な権利保護を保証するためには、これを契約当事者に委ねてはならない。随意売却の要件は、そのための合意および担保目的物の市場価格ないし取引所価格の存在とされるべきである。

通常、非占有担保権は、被担保債権について別除権を有する。ただし、弁済の範囲は、その金額に関する申出のいかんによって制限されることがある。ここでは、担保権者の利益と破産財団の空洞化を恐れる一般債権者の利益が対立する。そして、優先権の制限が一見したところ破産財団の利益になる場合でも、結局のところ、債務者の財産に対する過剰担保および過剰負担となってしまう。なぜなら、債権価額よりも明らかに高い価額の物を担保に供することにより、債権者は、完全な弁済を保証する担保を得ることになるからである。ただし、倒産の場合に、明らかに低い順位しか担保権に認めない法もある。たとえば、エストニアの商業担保権は、第四順位である。倒産の場合も、担保権の有効性は認めるが、債権者の平等をより重視している。

## V. ブルガリア法における非占有担保権

ブルガリアの動産担保法は、長年、単純な占有担保権によっていた。それは、大部分が1951年の債務関係および契約に関する法律に規定された基本原則からなっており、商取引には不向きであるが、今日なお、特別な担保権および商業担保権に関する規定と併存して残っている。占有担保権では、担保目的物の引渡原則が厳格に守られている。特定性の原則も、例外なく適用される。将来

取得する物または集合物は、担保に供することができなかった。担保権は、裁判手続によってのみ実行できる。裁判所の執行官の決定に基づき、担保目的物は、国家の取引所において売却することができる。高価品の場合は、公開の競売だけが認められる。

　新しい市場経済体制のもとでは、これらのルールは、もはや通用しなかった。1997年の銀行法により、担保権者である銀行のための特別な換価ルールが設けられた。銀行は、満期が到来した場合、直ちに融資契約に基づき、執行宣言を申し立てることができる。さらに、競売による裁判所外の換価も、融資契約において合意されている場合は認められる。しかし、これらの規定は、なお占有担保権に関するものであった。1997年の商法改正により、占有担保権の一種である商業担保権について、裁判所外の換価が認められるようになった。その要件は、同様に融資契約における合意である。銀行法の規定とは異なり、物は、市場価格または取引所価格がなければならない。ただし、担保権者は、競売だけでなく、随意売却を行うこともできる。

## 1. 適用範囲

　1996年の特別担保権法により、非占有担保権が導入された。特別担保権法は、1997年1月1日から施行された。非占有担保権に関する規定は、担保権に関する一般法に対する特別法である[21]。特別担保権法は、米国の統一商法典9条をモデルとするが、担保機能を有するすべての法律行為を統一的に規律する、いわゆる機能的アプローチを採用していない。特別担保権法の規律対象は、非占有担保権である。所有権留保、リース、差押担保権は、第三者効との関係でのみ規定されている。非占有担保権は、広い人的および事項的適用範囲を有する。担保に供することができるのは、譲渡可能な財産的価値である。非占有担保権の目的物は、特別担保権法4条によれば、動産だけでなく知的財産権や債権などの権利であり、その中には、間接保有証券（証券が発行された場合は、占

---

21) *Kalaidjiev,* Schuldrecht, Allgemeiner Teil, S. 629.

有担保権を設定できるだけである）、合有会社・合資会社・有限会社の持ち分、債権および債権の集合物、機械および設備の集合物、商品および原材料の集合物、企業全体が含まれる。さらに、特許権、実用新案権、商標権、工業意匠権、集積回路の配置図、動植物の品種証明（これらは、ブルガリア特許庁で登録される）が含まれる。担保に供することができる目的物は、限定的に列挙されている。特別担保権法に規定されていない財産的価値には、非占有担保権を設定することができない。ただし、船舶および航空機は、例外である。これらは、その特性から特別な規定に服する。これらが特別担保権法により担保に供された企業の一部である場合は、その企業の換価の際に、これらの目的物に関する特別規定を考慮しながら、非占有担保権に関する規定が適用される。

　担保目的物は、個々の物や権利あるいはそれらの集合物であり、個別的または包括的に特定される。将来取得する目的物も、担保に供することができる。特に在庫の変動する集合物は、担保目的物となる。しかし、担保権を設定するのは、個々の将来取得する物でもよい。この場合、担保権は、設定契約の締結時ではなく、担保目的物の所有権取得時に成立する。しかし、その優先順位は、先に合意された担保権の登録順による。特別担保権法によれば、占有担保権と異なり、種類物も、担保に供することができるが、大量の種類物が集合物でなくても、担保に供することができるのか否かは、明らかでない。たしかに、特別担保権法4条2項において明文で種類物に言及しているのは、種類の記載が特定のために十分であることを示しているにすぎないのかもしれない。しかし、立法者の意思は、お互いに関係しない大量の種類物を全体として担保目的物とみなすと解釈することもできるであろう。私見によれば、この規定は、将来取得する物を担保に供する可能性も認めるのであるから、特定性の原則に関するものであり、それを緩和したものと解される。あらゆる集合物ではなく、特別担保権法4条1項3号に列挙された集合物だけが担保に供することができるのも、これを裏付ける。それは、債権、機械および設備、商品および原材料、間接保有証券の集合物である。集合物は、ブルガリア法において、明確に定義された概念ではなく、一般的な概念であり、一部は取引通念により、一部は学説

の抽象的な記述による。それゆえ、法律に規定された集合物に非占有担保権の適用範囲を限定することは、何がそもそも集合物であるのか、という法的不安定のおそれを回避することになる。法律上認められた集合物は、一般に集合物とされ、かつ日常的に融資に使われる財産である。それらは、倉庫、間接保有証券の口座、企業の設備など、所在地によって定義されることが多い。

　立法者は、担保に供される物がしばしば商取引の目的物であり、担保権設定者の経済活動において譲渡されたり、加工されることを考慮する。それゆえ、非占有担保権は、加工・付合・混和によって生じた物、すなわち代替物にも自動的に及ぶ（4条4項）。担保権設定契約における明示の拡張条項は必要ない。担保権が設定された複数の物から新しい製品が生まれた場合は、すべての担保権が存続する。その持ち分は、新たに生じた物における原材料の価額の割合により定められる[22]。新しい物の構成物の同一性は維持されていると擬制される。それゆえ、担保権者の換価の権利は存続する[23]。特別担保権法では、新しい物が生じる付合、および個々の構成物の同一性が実際に保たれているその他の添付は、区別されていない。従物には、担保権が及ぶ[24]。債権に対する担保権は、特別担保権法4条3項および5条2項によりすべての利息および違約金に及ぶ。これに対して、法定果実および天然果実には及ばない[25]。比較のために言えば、占有担保権は、法律上、約定利息にのみ及び、違約金には及ばない。特別担保権の中央登録簿の編成および運用に関する規則ならびに登録の様式によれば、利息および違約金は登録しなければならない。規則および特別担保権法では、これらの登録を懈怠した場合の問題については、規定されていないが、この場

---

22）　*Materialien des Justizministeriums* zum Entwurf des Gesetzes über die besonderen Pfandrechte vom 12. August 1996.

23）　*Materialien des Justizministeriums* zum Entwurf des Gesetzes über die besonderen Pfandrechte vom 12. August 1996.

24）　*Kalaidjiev,* Schuldrecht, Allgemeiner Teil, S. 632; *Kojuharov,* Schuldrecht, Allgemeine Lehre über das Schuldverhältnis, S. 185.

25）　*Materialien des Justizministeriums* zum Entwurf des Gesetzes über die besonderen Pfandrechte vom 12. August 1996.

合、利息および違約金を第三者に対抗することはできないと解される。このような見解は、学説でも主張されている。ただし、それは、登録の一般的な第三者効によって理由づけられており、私見によれば、適切でない。仮に利息および違約金の登録が下位法令に明文で規定されていなかったとしても、特別担保権法4条3項および5条2項により登録なしに第三者効を有していたであろう。このような見解は、特別担保権法の注釈においても主張されており[26]、それによれば、利息および違約金は、その旨の合意があったことを登録しなくても、担保権が及ぶとされるが、公示原則の要請からは、登録が必要であることは否めない。

　非占有担保権は、その制定の経緯から、商取引法関係を対象とする。それは、商人がその営業手段を手放したら、経済的な障害を被ることにより、正当化される。一般消費者の設定した担保権を登録するとしたら、登録手続や審査のために、登録制度に無用の負担を課すことになるであろう。そのうえ、非占有担保権は、裁判所外の換価を予定していること、および引渡要件を欠くため、安易に担保権設定を決断させてしまうことから、消費者保護に欠ける。それゆえ、人的適用範囲は、原則として、商人ならびに商法典2条に列挙された企業以外の事業者、すなわち、農家、手工業者、自由業者、自家用住居の部屋の貸主に限定される。その意味では、個人は、原則として、経済活動の範囲内でのみ財産に非占有担保権を設定することができる。少数の例外的場合には、事業を行わない自然人が非占有担保権を設定できる。これは、間接保有証券、合有会社・合資会社・有限会社の持ち分、特許権、実用新案権、商標権、工業意匠権、集積回路の配置図、動植物の品種証明など、一定の財産的価値に担保権を設定する場合に認められる。これらの財産的価値の処分ないし担保権設定は、消費者の場合も常に経済活動であることによって、例外が根拠づけられる。この場合は、消費者保護が必要ないと思われる。さらに商人性の要件は、商人の妻には適用されない。この性別に中立的でないルールは、あるいは商人の夫も含む

---

26) *Materialien des Justizministeriums* zum Entwurf des Gesetzes über die besonderen Pfandrechte vom 12. August 1996.

かもしれない。これによって、非占有担保権は、経済取引に貢献し、消費者を排除することになる。

　被担保債権については、特別担保権法の規定は、占有担保権の規定と同様である。被担保債権となり得るのは、すべての譲渡可能な債権であり、条件付き債権、将来債権、特定債権、種類債権を含む。将来債権を担保する場合は、債権の成立によって、非占有担保権が成立する。これは、担保権の附従性によって説明できる。しかし、第三者効ないし優先順位は、債権の成立ではなく登録の順である。被担保債権は、遅くとも執行の時点までには、金銭債権になっていなければならない。特別担保権法10条によれば、担保権は、自動的に担保目的物の代替物、すなわち、担保目的物の転売価格（債権質）、収用の損失補償、滅損の場合の損害賠償請求権および保険金請求権に及ぶ。これらの金銭は、担保目的物の代わりとなる。要件は、担保権設定者の財産において、その代替物および収益物が区別して存在することである。特に第三債務者が購入価格を担保権設定者の口座に払い込み、残高と混じり合った場合は、区別が困難となる。この場合、非占有担保権は、債務関係および契約に関する法律136条により、第一順位の先取特権に変化する。売買の対価が物である場合は、その代替物に対する非占有担保権が担保権者のために成立する。債権の担保権者が当該債権を担保に供した場合、明示の合意がなくても、法律上、その債権を保全する担保権が取得される（6条）。被保全債権に対する担保権を取得した債権者は、当該債権を担保に供した債権者に対し優先権を有する[27]。このルールは、非占有担保権の附従性の表れであり、それによれば、債権の付随的権利は、当該債権の担保設定の際に附従する。このルールならびに代替物および収益物の自動的取り込みは、担保目的物に具現された経済的価値を担保とし、あらゆる弁済機会を提供するという担保権の経済的観点に適合する[28]。

---

[27]　*Kalaidjiev,* Schuldrecht, Allgemeiner Teil, S. 651.
[28]　*Brinkmann,* Kreditsicherheiten an beweglichen Sachen und Forderungen, § 8 C II 3.

## 2．成立および消滅

　非占有担保権は、債務者と債権者の間で書面による担保権設定契約を締結することにより成立する。担保権登録簿の積極的公示力が弱いこと（本節の4．参照）を考慮すれば、高度の公信力や証明力を伴う公正証書の作成は、絶対に必要というわけではないと思われる。会社の持ち分や企業に担保権を設定する契約についてのみ、署名の認証を受けた書面が必要となる。したがって、登録は、担保権の成立要件ではない。担保権者は、担保権設定者に対してのみ担保権を実行できる。第三者効のためには、特別な担保権に関する登録簿への登録が必要である。非占有担保権は、所有者によって設定される。その例外は、担保権設定者が将来に物の所有権を取得する場合である。この場合、担保権は、所有権の取得によって成立するが、優先権は、あらかじめ契約および登録によって確保することができる。担保権は、担保権解消契約による場合、および担保権設定者が第三者に担保目的物を処分し、担保権者が処分に同意した場合に消滅する。処分が担保権者の同意なく行われた場合は、原則として担保権は存続する。この原則には、二つの重要な例外がある。担保権が登録されていない場合は、第三者は、担保目的物を負担なく取得する。担保目的物が通常の取引行為により譲渡された場合は、登録された担保権も消滅する。このルールによって、すべての買主が担保権の存否に関する調査をしなければならない、という事態を免れる[29]。商取引全体も、障害から守られる。これら二つの例外は、譲受人が担保権の存在を知っていたか否か、という善意・悪意を問わない。この規則を反対解釈すれば、通常の取引外の譲受人は、すべて登録簿を閲覧しなければならない。この立法的解決は、法的安定性と取引保護のバランスを図っている。被担保債権が消滅し、更なる融資の義務がない場合は、担保権は消滅する。これは、担保権の附従性による。登録担保権の消滅により、担保権者は、抹消登録の義務を負う。これを怠った場合は、それにより生じた損害の賠償責

---

29) *Brinkmann,* Kreditsicherheiten an beweglichen Sachen und Forderungen, §8 C II 5.

任を負う。担保権設定者は、担保権者に対し、終了宣言ないし抹消登録の申請者の地位を請求する権利を有し、履行に関する確認訴訟により、これを裁判上実行することもできる。

## 3. 登　　録

　法務省に設けられた担保権登録簿には、担保権に関するすべての重要事項が登録される。間接保有証券や特許権など、幾つかの目的物ないし権利は、特別な登録簿に記載される。第三者効および順位の確保のためには、該当の登録簿への登録が必要である。これらの権利は、二重には登録されないので、担保権登録簿には登録がない。契約書の提示は、担保権登録の要件ではないから、職員は、契約事項と登録事項の一致を審査することはできない。登録官署は、契約当事者の本人確認をして、担保権設定者の権限を審査するだけである。商人の本人確認は、商業登記簿の謄本により行われる。担保目的物の法律関係ないし被担保債権の成立については、実質的な審査が行われないので、第三者は、記載事項の真否を信頼することはできない。したがって、登録簿の積極的公証力を認める理由はない。第三者に対しては、登録された法律事実だけを対抗することができる。契約が変更により異なる事項を記載していても、登録がなければ考慮されない。私見によれば、その反対に、登録申請に異なる記載がある場合は、契約の変更とみなすことができる。登録申請は、担保権設定者および担保権者の両当事者によって署名されなければならず、それゆえ意思表示の性質を有する。実務では、このような契約との不一致は、誰にとっても明確な利益がないのであるから、あくまで例外と思われる。登録は直ちに行われるので、登録申請の時点が第三者効の基準となる。

　登録は、担保権の成立要件でなく第三者効にのみ関係する、という原則に基づいている。これは、登録が成立要件である transaction filing システムと区別するため、notice filing システムと呼ばれている。それゆえ、登録官署による担保権設定契約の監督ないし実体法上の審査は必要でない。審査の対象は、契約当事者の本人確認だけである。しかし、登録情報は、transaction filing シス

テムに典型的なように詳しい。登録簿には、担保権設定契約ないし私的な合意の詳細ではなく担保権自体がその内容とともに登録される。したがって、順位保存登録は、担保権設定合意の成立前に行うことができない。ただし、被担保債権が後に成立する場合、または担保目的物が担保権設定者の将来の所有物である場合などは、担保権が遅れて成立する。担保権登録簿における情報の記載は、人的編成主義により行われる。記載は、担保権設定者の名称毎に行われる。検索は、氏名ないし名称および事業者番号による。登録申請は、本人または代理人が行う。申請者は、担保権設定者（リース利用者、留保買主を含む）および担保権者（リース事業者、留保売主を含む）を特定するための最低条件、被担保債権の価額、可能な限り詳しい担保目的物の表示（製造番号、タイプ、商標、在庫目録番号、登録番号などの記号）ならびに担保権の期間および条件を記載した様式を提出する（26条1項）。特定性の要件は厳格でない。ただし、担保権の存否に関する争いを避けるため、目的物を詳しく記載することが担保権者の利益になる。統一的な基準により目的物を特定することは、登録の検索にとって重要な意味を有する。それは、担保権設定者の変更登録がなされていない場合でも、ある物が担保に供されていることを見出す機会を高める。物を正確に記載することにより、過去の担保権設定者の人的編成簿においても、その物を探し出すことができる。製造番号のある自動車や機械の場合は、特定が容易である。確実な特定方法のない物については、特徴を明確にしなければならない。さらに決定的であるのは、登録簿の編成である。電子データの機能は、目的物の検索を一つの人的編成簿の中だけでなく登録簿全体でも可能とするに違いない。

　担保権を有効に登録するための実質的な要件は、利害関係者[30]、すなわち担保権設定者の同意である。それゆえ、登録は、担保権者および担保権設定者が共同で行わなければならない。担保権者が単独で申請することは、実務でしばしば見られるところであるが、この場合は、担保権設定者の書面による同意に

---

30) *Miteva/Ivanova,* Probleme der besonderen Pfandrechte, S. 37.

認証が必要である。通常、担保権者は、担保権の登録後に融資を実行する。それによって、担保権者は、同意の取り付けおよび登録を確保する。債務の弁済は、担保権者に抹消登録の義務を生じさせる。担保権者がこの義務を怠った場合、担保権設定者は、担保権者を相手として、訴えを提起することができるだけである。特別担保権法は、さらに時間の経過による登録の自動消滅も規定する。登録は、30条2項前段によれば、5年の経過により、自動的に失効する。所定の期間内に更新の意思表示をすることにより、消滅を免れることができる（同項後段）。さらに登録すべきであるのは、登録事項のあらゆる変更である（26条2項）。すなわち、被担保債権ないし売主およびリース事業者の権利の譲渡、被担保債権ないし売主およびリース事業者の権利の追加、債権の更改、担保目的物に対する権利の取得、登録の更新、執行の申立て、執行の放棄、倒産手続の開始決定、倒産の宣告に関する決定である。差押担保権も、他の登録担保権に対抗するためには、登録しなければならない（同条3項）。一定の担保権については、特別担保権法は、他の登録簿への登録を規定する。すなわち、会社の持ち分および企業に対する担保権は商業登記簿、間接保有証券に対する担保権は中央保管所の登録簿、国債に対する担保権は国債登録簿、知的財産権に対する担保権はブルガリア共和国特許庁の登録簿に登録される。第三者効は、これらの登録簿への登録によって生じる。担保権登録簿への登録は無効である。登録申請は、遅滞なく審査される（28条1項前段）。この規定は、審査期間中に競合する申立てが行われないことを保証する。登録は、その申請が必要事項を記載していない場合、または必要な手数料を支払わなかった場合にのみ、不受理とすることができる（同条2項後段）。その他の理由による登録の不受理は、違法である。異議申立ては、除斥期間の定めのある行政手続による[31]。

## 4．公　　示

登録簿は、公開されている（24条2項）。正当な利害関係があることを示さ

---

31) *Kalaidjiev,* Schuldrecht, Allgemeiner Teil, S. 636.

なくても、誰でも登録簿の閲覧をすることができる。登録事項またはその元となる書類の存否について、情報が提供される。西欧の観点からは、このように無防備な開示は、驚かれるかもしれない。しかし、担保権設定者は、いずれにせよ、他の債権者、担保目的物の将来の譲受人および将来の融資者に対し、秘密を保持する正当な利益など有しない[32]。心配があるとすれば、登録情報に正当な利益を有しない第三者による閲覧がある。しかし、このような利益の存在を実質的に審査することは、登録簿の管掌者に多大の負担を課し、閲覧コストを増大させるであろう[33]。現在の手数料は、少額である。登録簿の公開は、潜在的な債権者に対し、債務者の財産に対する担保権が現に存在することを知らせるのであるから、法的安定性に寄与する。さらに、優先的な担保権の不正取得の可能性に対しても、法的安定性が図られる。第三者効は、登録により生じる。登録自体は、登録官署によって行われる。不正に日付を遡らせることは不可能である。登録官署は、純粋に行政的任務を果たすだけであり、実質審査の義務ないし権限を有しない。登録申請が担保権設定契約の内容と一致するか否かは、審査されない。登録事項がすべて記載されているか、また部分的にそれが正確であるのかだけが審査される。担保権設定者が本人であると特定されなければならず、登録の同意書がその場で開封される限りでのみ、正確性が審査される。しかし、完全な正確性を保証することはできないので、登録簿は、積極的公証力を有しない。したがって、登録されているが、現実には存在しない担保権の善意取得は、認められない。

## 5．優先順位

同一の目的物に対する二つの担保権の優先順位は、成立の順ではなく登録の順により決定される。この特別担保権法の優先順位規定は、非占有担保権だけ

---

32) *Brinkmann,* Kreditsicherheiten an beweglichen Sachen und Forderungen, §8 D III 4.

33) *Brinkmann,* Kreditsicherheiten an beweglichen Sachen und Forderungen, §8 D III 4.

でなく、所有権留保、リース、差押担保権など、動産または権利に対する優先権の設定による債権の担保を目的とするすべての契約類型を対象とするが、担保権の売買および譲渡は含まれない。ブルガリア法における担保権の売買は、一種の再売買であり、商取引においてのみ認められる。充実した非占有担保権の制度があるので、この担保権売買は、あまり広まっていない。登録によって、担保目的物は、同時に何度でも金融手段として使うことができる。そこで、同一の目的物に複数の権利が成立する。登録によって、すでに設定された担保権の担保する金額が分かる。その結果、債権者になろうとする者は、担保目的物の価額がまだ担保の金額を超えているか否か、すなわち、金融手段として使える残額がまだあるか否かを見積もることができる。登録は、さらに担保権相互の関係の確認を可能とする。登録された権利は、登録により様々な順位を付与される。担保権の優先権は、原則として登録の時間的順によって定まる（14条）。特に強調すべきであるのは、優先順位が権利の成立の順ではなく第三者効の成立順であることである。債権が将来債権であったり、担保目的物が担保権設定者の将来の所有物であるため、まだ担保権が成立しない場合も、順位を確保するための登録をすることができる。登録時点で区切ることは、成立時点の証明を不要にすることにより、特に法的安定性に資する[34]。これは、不正に日付を遡らせることを防ぐ。この優先順位規定は、強行規定であるから、当事者の合意によって順位を変更することはできない。

　購入代金の融資者が特に担保権を必要とすることにより、時間的順序によらない特別な優先順位が認められている。この特別規定により、一定の債権者の利益がより重視されている。調達融資は、第三者効の時点および包括担保権者に対する順位について特権を付与されている。調達融資の場合における担保権（所有権留保、リースを含む）の第三者効の時点は、契約締結後14日以内に登録の告示がなされることを条件として、契約締結時点まで遡る（15条3項）。すなわち、登録によって優先権を取り戻すことが可能となる。さらに、債権者と

---

[34] *Brinkmann,* Kreditsicherheiten an beweglichen Sachen und Forderungen, § 8 E I 1.

しての調達融資者は、競合する包括担保権が先行していても、その担保権者に対し優先権を有する。この特権は、融資によって債務者が特定の目的物を取得できるようにした者は、特別な保護に値し、それ以前の債権者は、このような物について、弁済の優先権を主張できるとは期待しないほうがよい、という一般に承認された見解に従っている。この調達融資の優先は、新しい財産の取得を可能とすることによっても正当化できる。融資者の担保権は、当該物について成立し、他の債権者に不利益となるような負担を課さない[35]。特別担保権法は、調達融資の分類に際しては、金銭融資であるのか、それとも商品融資であるのか、また純粋な融資者であるのか、それとも所有権留保をした売主であるのかではなく、融資の目的があるか否かだけを基準とする。調達融資は、支払猶予であるのか、それとも金銭貸借であるのかを問わず、他の担保権者に対する優先権が認められる。したがって、すべての種類の調達融資は、平等に取り扱われる。しかし、調達融資者の担保権は、包括担保権と競合し、個々の目的物の担保権と競合しない場合にのみ、このような特権を有する。

　非占有担保権と占有担保権の競合もあり得る。占有担保権は登録されないから、その存在は、登録簿からは分からない。占有担保権は、5レフ以上の被担保債権について担保権設定契約書が作成され[36]、確定日付がある場合は、競合する担保権に対抗できる。第三者効を決定づけるのは、占有の移転である。それゆえ、あらゆる登録担保権者は、債務者が担保目的物を占有していることを確認し、それを書面にしておかなければならない。法定担保権および強制執行の過程で得られた担保権も、非占有担保権と競合し得る。ブルガリア法上の法定担保権は、すべて占有を必要とする。それゆえ、このような競合は、非占有担保権と占有担保権の競合と同様に取り扱われる。差押担保権は、12条2項によれば、担保権登録簿に登録されている場合にのみ、非占有担保権に対抗できる。

---

35) *Brinkmann,* Kreditsicherheiten an beweglichen Sachen und Forderungen, § 9 C III.

36) 〔訳注〕1ブルガリアレフは、2014年6月末のレートで約70円である。

## 6. 負担のない取得、優先権の取得および善意

担保目的物の負担のない取得および優先担保権を取得する可能性について、特別担保権法は、善意の要件を大幅に修正する。決定的であるのは、知っていたこと自体ではなく、登録簿によって保証された知る可能性である。それゆえ、第三者効は、客観的な構成要件（登録日付）に基づく。これによって、善意の審理の際に生じやすい証明の問題が回避される。善意の要件は、それを主張する者が担保権登録簿を閲覧したところ、目的物に負担がないという回答を得たことの証明を意味する。ブルガリア法は、登録内容の審査がなされたことの証明を求めない。基準となるのは、その時点における登録の有無だけである。登録簿への登録は、第三者が登録担保権、所有権留保、リース事業者の権利または差押担保権の存在を知っていることの反証を許さない推定を生じるので、第三者は、担保目的物に対する権利の取得について善意を主張することはできない[37]。この推定の根拠は、特別担保権法24条により、登録簿の閲覧を通じて、一定の者について登録された法律事実の存否を知ることができることにある[38]。この推定により、担保目的物は、通常、負担なく取得することはできないという効果が生じる。ただし、経済取引の実態は、一定の例外を必要とする。担保目的物は、登録後の譲渡により、原則として負担付きのまま取得されるが、譲渡が日常業務の中で行われた場合（7条）、または担保権が例外的に譲渡人の欄に登録されていない場合は除かれる。前者の場合、担保権は消滅する[39]。

---

37) *Kalaidjiev,* Schuldrecht, Allgemeiner Teil, S. 630.
38) *Brinkmann,* Kreditsicherheiten an beweglichen Sachen und Forderungen, § 9 B III 2.
39) *Kalaidjiev,* Schuldrecht, Allgemeiner Teil, S. 652 は、売買代金が担保権者のものになるというが、首肯できない。7条によれば、担保権が消滅することは明らかである。さらに、この見解は無意味である。日常的な経済活動の範囲内における取引の場合に、売買代金を区別し、債務者の一般財産と別に保管することは、これによって債権者への弁済を図るとしたら、前提条件となるであろうが、不可能である。日常業務の中で売買される物は、しばしば在庫商品の集合物として担保に供される。

譲受人は、取引の相手が目的物を負担なく譲渡する権限を有すると信頼してよいのであるから、登録簿を調べる義務を負わない。ここで保護されているのは、商人は、日常の売買について、仕入先やその他の債権者の同意を得ているという法的取引の期待である[40]。後者の場合は、譲渡人が担保権設定者として記載されていない。それは、日常業務外の過去の売買の可能性がある。登録簿は、新しい所有者が担保権設定者として登録されていない点において誤りである。担保権は、むしろ古い所有者の欄に登録されている。譲受人は、以前の所有者のことを知ることはできないのであるから、譲渡人に対する登録毎に登録簿を調査するしかない。このような担保権喪失の危険については、特別担保権法は、形式的な防御手段を規定するだけである。譲渡人の欄に登録がないのであるから、負担のない善意取得に対する正しい保護は存在しない。過去の譲渡人、すなわち担保権設定者は、譲受人の登録を申請する義務がある。この義務は制裁を伴わない。さらに、譲受人が担保権設定者としての登録に同意するという善意に頼っている。担保権設定者は、13条2項により、担保目的物の譲渡を担保権者に書面で通知する義務を負う。しかし、この義務は、内容がない。担保権者は、義務の不履行を有効に防ぐ手立てがない。実行が困難な損害賠償請求権があるだけである。その結果、担保権者が担保権を失うおそれは、現実のものとなる。なぜなら、担保権者は、しばしば目的物の譲渡を知らないので、どこを探せばよいのか、分からないからである。担保権は、担保権者が負担のない譲渡に同意した場合も消滅するが、担保権は、処分価格に及ぶ。

　優先順位についても、競合する権利の存在を知っていたか否かは無関係である。決定的であるのは、登録である。優先権は、譲受人が担保目的物の譲渡後に登録されておらず、譲受人の人的編成簿における債権者の調査によって、担保権が見つからない場合にのみ得られる。要するに、特別担保権法は、担保目

---

　　その場合、担保権は、売買代金ではなく、集合物における新たに取得された商品に及ぶ。

40）　*Brinkmann,* Kreditsicherheiten an beweglichen Sachen und Forderungen, § 9 E II 1.

的物および優先権の負担のない取得の問題について、善意の要件を完全に排除している。担保権設定者の変更が登録されておらず、担保権が譲渡人ないし債務者の人的編成簿から分からない場合、譲受人は、たとえ担保権の存在を知っていたとしても、負担のない物ないし優先権を取得する。さらに、第三者は、(記号、製造番号などにより) 明らかに特定できる動産の場合、譲渡人の人的情報だけでなく物も登録簿によって調査し、他の人的編成簿における担保権の存在まで明らかにする義務を負わない。これは、担保権者の法的地位の弱体化を意味するが、明確性のためであり、証明の問題を回避し、商人の取引の法的安定性を優先するものである。負担のある取得と負担のない取得の分かれ目は、登録簿への登録ないし当該人的編成簿への登録の欠如であり、善意ではない。将来の譲受人は、検索オプションと向き合う必要がない。なぜなら、それは、既存の担保権を見つけなかった場合も、悪意とみなされる危険を招くからである。閲覧申請は、具体的な人に関する事項を対象とし、謄本は、これに関する登録情報をすべて含まなければならない。物の譲渡の場合は、担保権登録簿の検索は、常に必要である。これによってのみ、譲受人は、取得したいと思う物に負担があるか否かを確認することができる。これに対しては、取引が煩雑になるという批判がある[41]。他人の物に対する担保権の設定によって生じる特別な担保権の善意取得については、特別担保権法は沈黙する。しかし、私見によれば、これは認められない。登録簿への登録に際しては、実質的審査がなされない。このような審査があって、初めて無権限者の設定した担保権の善意取得が正当化されるのであろう。書面による契約によらなかった登録担保権を取得することも、無理であろう。なぜなら、担保権は、登録ではなく担保権設定契約の締結により成立するからである。

## 7. 契約当事者の権利義務

非占有担保権の本質を決定づける最も重要なメルクマールは、担保権設定者

---

41) *v. Wilmowsky, Peter,* Europäisches Kreditsicherungsrecht, S. 161.

が担保目的物を占有し続けることである（8条1項）。その結果、担保権設定者は、担保目的物またはその代替物を自己の判断で利用し、消費し、混和し、加工する権限を有し、さらに担保権者の同意を得た場合に限るが、売却する権限さえ有する（同条2項）。これは、担保権が代替物に及び、譲受人に対抗できるからこそ、法律上許されている。これらの権限、特に処分権（これは、日常業務の範囲内でのみ可能である）は、担保権設定契約によって排除することができる。このような契約上の保護措置は、多くの場合、担保目的物を売却しない義務およびその他の詳細な事後的管理義務を負わせるものであるが、担保権喪失の危険を防ぐためのものである。この約定に違反した場合は、違約金の支払を求められることがあるが、第三者に対し処分の無効を求めることはできない。非占有担保権の場合、担保権者は、権利の源となる目的物に対する支配権を行使しない。それゆえ、担保権者には、担保権設定者の義務を伴った法律上の保護が与えられなければならず、その法的地位は、契約当事者だけに任せてはならない。

　担保権設定者は、商人の注意義務をもって、担保目的物の維持に努めなければならない（9条1項）。担保権設定者は、担保目的物に保険をかけ、保全および情報提供の義務を負う。すなわち、担保権設定者は、担保目的物が減損した場合は、担保権者が保険金を受け取ることができるように、商取引における通常の危険に対し、自己の費用で、保険をかけなければならない。担保権設定者は、担保権者に対し、担保目的物のあらゆる減損および侵害を知らせること、担保目的物に関係するあらゆる裁判手続を知らせること、担保目的物の譲渡もしくは第三者の権利の成立または同一性の変更をもたらすあらゆる法的および事実的行為を書面で知らせ、譲渡または権利の設定を定めた書面の写しを添付することの義務を負う。担保権設定者は、担保目的物に対する権利を取得する第三者に対し、担保権者の権利を知らせなければならない。担保権設定者は、担保目的物に減失のおそれがある場合は、担保権者に通知した後、目的物を売却し、その代金を担保権者のために銀行に供託しなければならない。通知により、担保権者は、担保目的物を保護するための措置を取ることが可能となる。

担保権設定者のその他の義務、すなわち、担保目的物に対する権利の変更または担保権設定者の変更を遅滞なく登録簿に登録する義務は、担保権の第三者効の維持に役立つ。担保権設定者が担保目的物を占有し、担保権者に担保目的物の状態を検分させることができる権利（9条2項）は、担保権者が担保目的物にアクセスする権限に対応する。担保権設定者の義務の不履行があった場合は、一般的な契約責任が生じるだけである。したがって、担保権設定契約において具体的な違約金を定めることにより、賠償額の決定および執行を容易にすることが望ましい。特別担保権法は、担保権設定者の追加担保の義務を規定していない。それゆえ、担保目的物が過失により滅損または価値の減少を生じた場合、担保権設定者は、代替担保を提供する法定義務を負わない。日常業務の範囲内における担保目的物の合法的な負担のない取得があった場合も、代わりの担保目的物を提供する義務があるか否かについて、特別担保権法は規定していない。それゆえ、これらについては、当事者が担保権設定契約で規定しておくよう注意しなければならない。

　特別担保権法は、契約上の義務の不履行の訴訟法上の効果を規定しており、それは、実務上、特に担保目的物の過失による滅損または価値減少の際に利用される。すなわち、債務の期限の利益喪失であり、これにより、担保権者は、弁済を請求するか、または即時の換価手続を取ることができる（11条）。担保権設定者が合理的な期間内に担保目的物の原状復帰または契約上定められた追加担保の提供という担保権者の要求に従わない場合は、担保権者は、満期前に弁済請求権を行使することができる。契約により、さらに具体的な状況に応じた義務を定め、その不履行の場合に、期限の利益喪失および換価を行えるようにすることもできる。

　10条2項によれば、担保権者は、登録簿の謄本に基づき、担保目的物を占有し、もしくは保管し、または目的物に関する説明責任を負う官庁および第三者に対し、担保目的物に関する情報を求めることができる。債務不履行があった場合に、担保権者が弁済を受けるために行使する最も重要な権限は、担保目的物への執行である。担保権設定者が担保目的物への執行または維持に必要な

協力を行わない場合、担保権者は、強制措置を取ることができる。担保権者は、35条1項によれば、登録担保権および執行開始に関する登録簿の謄本に基づき、公的または私的な裁判所執行官に対し、民事訴訟法521条による担保目的物の引渡しを求めることができる。担保目的物またはその一部が担保権設定者のもとにない場合は、裁判所執行官は、代替物として対価に執行する (35条2項)。民事訴訟法の一般規定によれば、目的物が減損した場合も、代替物が執行債権者に帰属する。しかし、非占有担保権の権利者は、担保権によって債務者の残りの財産に対する優先権を取得するわけではないから、減損および価値減少の場合、代替物に対する権利を有しない[42]。担保権者は、担保目的物の維持を目的とする権限を有するだけである。34条4号によれば、担保権者は、担保目的物を受け取り、保険をかけるための措置、担保目的物からの収益を受け取るための措置、売却価格を高めたり、売却費用を抑えるための措置を取ることができる。特別担保権法における措置の列挙は、限定的ではない。担保権者は、その他の合理的な行為をすることができる[43]。

## 8. 集合物に対する担保権

集合物に対する担保権は、保全処分が行われるまでは、個々の構成物を拘束することなく、全体としての集合物に及ぶ。個々の構成物は、他の権利の目的物として、その独立性を維持する[44]。集合物は、しばしば流動性の構成物を含む。特定性の原則を緩和することにより、債務者の将来の財産も含めることが可能となる。集合物が流動性の構成物を含む場合は、後に取得または製造された構成物も、担保に供されたものとみなされる。さらに、売却された構成物は、もはや被担保集合物に帰属せず、それゆえ負担なく譲渡される (20条1項)。これは、譲受人が担保権の存在を知っていたか否か、また売買が日常業務の範

---

42) *Kalaidjiev,* Schuldrecht, Allgemeiner Teil, S. 646.
43) *Kalaidjiev,* Schuldrecht, Allgemeiner Teil, S. 639.
44) *Kalaidjiev,* Schuldrecht, Allgemeiner Teil, S. 667; *Miteva/Ivanova,* Probleme der besonderen Pfandrechte, S. 21.

囲内で行われたか否かを問わない。構成物は、本来は、担保権者の同意があるか、または担保権設定者の日常業務の範囲内である場合を除き、売却してはならない。保全処分がなされ、換価手続の開始が登録されることにより初めて、その時点に集合物の中にある物および権利に担保権が具現化される（同条2項）。この場合は、特定性の要件が満たされる。担保権設定者は、この時以降に集合物の一部を売却することはできないが、新しい物を取り入れることはできる[45]。本節の5．で取り上げた集合物の担保権に対する個別の物の担保権の優先は、商品融資と金銭融資の競合にのみ関係する。したがって、個別の物の担保権は、必ずしも集合物の担保権に優先するとは限らず、それは、個別の物の調達が融資される場合に限る。

## 9．企業担保権

　企業は、権利、義務および法律関係の集合物として担保に供することができる。それゆえ、集合物の担保権に関する規定が適用される。ただし、企業担保権に関する特別規定もある。担保権設定契約は、署名の認証を受けた書面が必要である。登録は、担保権登録簿ではなく商業登記簿において行われる。個々の資産が企業体を離れた場合は、その資産に対する担保権は消滅する。これらの資産が個別に担保目的物として該当の登録簿に登録され、担保権設定契約において個別に記載されている場合は、処分後も担保権が存続し、第三者に対抗できる。個々の資産の第三者効は、以下の登録簿への登録による。すなわち、特許庁（商標、意匠など）、中央保管所（間接保有証券）および担保権登録簿（自動車）である。分割または法形式の変更により、担保権設定者の企業に組織変更があった場合、担保権は、変更後の企業および新たに設立された企業について存続する（21条4項）。担保に供された企業が合併、分割、分離および営業譲渡により個人所有となった場合、企業担保権は、担保権設定者に帰属する集合物にのみ移行する（同条5項）。企業の所有者は、換価開始の登録までは、業

---

45) *Kalaidjiev,* Schuldrecht, Allgemeiner Teil, S. 668; *Miteva/Ivanova,* Probleme der besonderen Pfandrechte, S. 21.

務を行い、特に資産を減らすこともできる[46]。換価開始の登録後は、日常業務以外では、企業価値の減少を招く行為をすることはできない[47]。企業担保権者は、自己の債権の回収のために、企業全体の換価または個々の構成物の換価のいずれかを選択することができる（46条1項）。前者の場合、担保権者は、管理人を指名することができる（同条3項）。企業の管理人は、企業の日常業務と関連するあらゆる行為をする（48条1項）。管理人を任命する目的は、積極的な取引活動を行うことではなく、企業体を債務者の詐害行為から守ることである[48]。管理人は、企業全体またはそれに帰属する不動産を売却したり、担保に供することができないだけでなく、手形上の義務を負ったり、社債を発行したり、訴訟を提起することもできない（同項後段）。管理人は、担保権者の利益だけでなく企業の所有者の利益のためにも義務を履行しなければならない[49]。企業の活動に関する権限は、管理人・企業の所有者・担保権者の三者が分担する。企業の所有者は、担保権者の同意を得て、企業の管理人の権限から除外された行為をすることができる。企業の訴訟代理人は、担保権者および担保権設定者である（同条3項）。管理人は、このような権限を有しない。企業の個々の構成物から回収する場合は、担保権者は、まず企業の活動に最も影響の少ない構成物から売却する義務を負う（46条2項）。この規定は強行規定である[50]。留保売主の権利、リース事業者の権利および融資者の担保権は、たとえ企業担保権より後に登録された場合であっても、企業担保権に優先する[51]。

---

46) *Kalaidjiev,* Schuldrecht, Allgemeiner Teil, S. 675.
47) *Kalaidjiev,* Schuldrecht, Allgemeiner Teil, S. 675.
48) *Kalaidjiev,* Schuldrecht, Allgemeiner Teil, S. 676; *Belaselkov/Kalajdjiev,* Über das Unternehmenspfandrecht, Handelsrecht 2000, Heft 5, S. 36, 39.
49) *Kalaidjiev,* Schuldrecht, Allgemeiner Teil, S. 677.
50) *Miteva/Ivanova,* Probleme der besonderen Pfandrechte, S. 81.
51) *Belaselkov/Kalajdjiev,* Über das Unternehmenspfandrecht, Handelsrecht 2000, Heft 5, S. 36, 39.

## 10. 所有権留保およびリース

　特別担保権法は、非占有担保権の設定、内容、法的効力および換価を規定する。特別担保権法は、抵触を回避するために、第三者効については、所有権留保、リース事業者の権利および差押担保権も規定する。前二者は、機能的観点からは、担保権とみることもできる。しかし、これらは、非占有担保権のような制限物権ではなく完全な所有権である。留保売主およびリース事業者は、第三者効を得るためには、登録簿に権利を登録するしかない。さもなければ、登録簿は、債務者の財産に関する情報を表示する機能を限定的に果たすことができるだけであろう[52]。特別担保権法は、所有権留保契約ないしリース契約の成立から14日の猶予期間を認めており、その期間内であれば、登録が遡及効を有する。登録は、この期間の経過後も可能であるが、所有権留保およびリース契約は、将来に向けてのみ第三者効を有する。この遅延登録の場合は、包括的担保権に対する優先的地位は、もはや生じない（15条3項）。その結果、第三者効については、所有権留保およびリースは、通常の担保権と同じ取扱いになる。これに対して、倒産の場合は、留保売主およびリース事業者には、所有権に関する規定が適用される。したがって、特別担保権法以外では、留保売主は、ブルガリア法上、融資者ではなく完全な所有者として扱われる。これによれば、留保売主は、換価や倒産の場合、ほとんど無制限に目的物にアクセスできる。非占有担保権の債権者は、自己の換価権を行使するためには、担保目的物への裁判所外の執行によることになるが、留保売主は、所有者として、担保目的物に対する自己の権利を行使し、随意売却をすることができる。特に買主の倒産手続において、管理人が契約の履行をしないことを決定した場合は、別除権を有する。

---

52) *Brinkmann*, Kreditsicherheiten an beweglichen Sachen und Forderungen, § 9 C III.

## 11. 換　　価

　満期が到来しても履行がない場合は、担保権者は、担保目的物の裁判所外の換価をする権限を有する。換価の要件は、さらに登録簿への執行開始の登録および債務者への通知である。担保権設定者が担保目的物の引渡しを拒んだ場合は、担保権の登録および換価開始に関する登録簿の謄本に基づき、民事訴訟法521条による引渡命令を裁判所の執行官に申し立てることができる。そして、担保権者は、担保権設定者の名および計算において担保目的物を売却することができる。担保権者は、自由に換価の方法を決めることができる。担保権者は、公的執行官ないし裁判所の執行官に任せることができるし、自分で随意売却をすることもできる。いずれの場合も、担保権者は、通常の商人の注意をもって行動する義務を負う（37条3項）。執行開始の登録から2週間を経過したら、担保権者は、担保目的物を換価することができる（同条1項）。この期間は、目的物の調達を融資した優先権のある債権者、すなわち、留保売主およびリース事業者の回収権を保護する[53]。この特権ないし優先権は、15条によれば、成立から14日以内に登録すれば、対抗できる。6か月以内に換価がなされない場合は、他の債権者は誰でも、執行開始の登録をして、換価を実行することができる。売却は、代金の全額の支払と引き換えにのみ行われる（37条2項）。

　換価の代金は、換価債権者ではなく、その債権者が指名した受託者が受け取る。受託者は、登録債権者の間で代金を配当する。それゆえ、受託者は、他の登録債権者ならびにその債権額および優先順位を登録簿により調査し、リストを作成する義務を負う（39条）。受託者の任命は、債権者全員の権利を保護するためである[54]。受託者は、38条によれば、会計士でなければならない。担保目的物に制限的権利を有する第三者、および登録されていない債権者は、換価手続に参加することができず、配当リストには掲載されない（40条2項）。ただし、彼らは、配当後の残額を差し押さえることができる（同）。配当計画に

---

53)　*Miteva/Ivanova,* Probleme der besonderen Pfandrechte, S. 42.

54)　*Miteva/Ivanova,* Probleme der besonderen Pfandrechte, S. 45.

対しては、担保権設定者、債務者および登録債権者への通知後 7 日以内に、管轄の簡易裁判所に異議申立てをすることができる。異議の対象は、担保権の存在、すなわち、その登録、順位および弁済額である[55]。配当は、裁判所の決定が確定した後、直ちに行われる（41 条 3 項）。登録されていない債権者または権利者が残額を差し押さえた場合、受託者は、これを公的または私的な裁判所執行官の口座に振り込む（同条 5 項）。他人の物が売却された場合は、民事訴訟法 482 条が類推適用され、即時取得が生じる（37 条 4 項）。換価が公的競売、私的競売、随意売却のいずれで行われたのかは、無関係である。即時取得により、所有権、および本来の所有者が債権者のために設定した担保権は消滅する。それゆえ、私的換価の場合も即時取得を認めるという立法者の判断は、良くないと思われる。

　受託者が登録担保権者をリストに掲載せず、換価を通知しなかった結果、換価から除外してしまった場合の責任は、法律に規定されていない。判例もない。換価の結果としての即時取得により、この担保権者は、決定的に担保目的物に対する権利を失う。学説では、受託者は債権者のために行動するのであるから、債権者の自己責任であるとする見解が主張されている[56]。しかし、私見によれば、受託者が債権者のために行動するという見解、および受託者が責任を負わないという見解のいずれも首肯できない。受託者は、まさに中立的な第三者として関係者全員の利益を考慮するために任命されている。しかも受託者は、専門家（会計士）であるから、その行為に責任を負わなければならない。他方において、私的裁判所執行官に関する法律 18 条および 19 条によれば、担保権者は、私的裁判所執行官に換価を委託することができる。この場合、担保権者は、特別担保権法による随意換価および民事訴訟法による公売のいずれかを選択することができる。後者は、同じ裁判手続であるにもかかわらず、強制執行ではない[57]。選択するのは、単に公的執行または私的執行という具体的な手続だけ

---

55) *Miteva/Ivanova*, Probleme der besonderen Pfandrechte, S. 49.
56) *Miteva/Ivanova*, Probleme der besonderen Pfandrechte, S. 49.
57) *Miteva/Ivanova*, Probleme der besonderen Pfandrechte, S. 51.

である。いずれの場合も、裁判所外の執行である[58]。委任契約により、裁判所執行官の任務が根拠づけられる。それゆえ、執行官は、特別担保権法による担保権者の権限を有する。さらに執行官は、受託者の権限を有する（民事訴訟法18条4項）。しかし、執行官は、会計士の資格を有する必要はない[59]。

特別担保権法による換価は、租税および保全処分に関する訴訟法による国家の租税債権の強制執行と競合し得る。租税および保全処分に関する訴訟法264条1項によれば、担保権は、設定者が国家および地方自治体に対し、満期となった租税債務、保険債務および関税債務を負っていないと申告した場合に限り、登録することができる。国家ないし地方自治体の債権があるにもかかわらず、虚偽の申告により担保権が登録された場合、登録は、国家ないし地方自治体に対し効力を有しない。担保権の登録後に租税債務およびその他の賦課が発生したときは、登録簿に登録された差押担保権により保全されている場合に限り、登録担保権者に対抗することができる。特別担保権法16条1項および債務および契約に関する法律136条1項によれば、これらの租税債務およびその他の賦課は、たとえ差押担保権が登録担保権よりも後に登録された場合であっても、特別担保権法による換価手続において、登録担保権に優先する。差押担保権によって保全されていない国家の担保権設定者に対する債権は、特別担保権法による換価手続において実行することができない。この場合、国家ないし地方自治体は、換価手続を阻止できない。さらに、国家が担保目的物に対する強制執行を申し立てた場合は、その実行までの間、登録担保権者は、換価の開始を登録簿に登録することにより、私的または公的な裁判所執行官に対し目的物の引渡しを請求することができる。国家は、すでに差押担保権を登録し、これにより、登録担保権者の資格を有する場合は、債権者として換価手続に参加することができるが、これをしない場合は、換価手続から排除される。参加した場合は、特別担保権法16条1項および債務および契約に関する法律136条1項により、優先権を有する。登録担保権者は、自己の債権がまだ満期になっていな

---

58) *Miteva/Ivanova,* Probleme der besonderen Pfandrechte, S. 51.

59) *Miteva/Ivanova,* Probleme der besonderen Pfandrechte, S. 52.

い場合は、担保目的物の引渡しを請求することができない。しかし、配当までの間は、登録債権者として執行手続に参加することができる（32条5項後段）。登録担保権者が受け取るべき金額は、国家歳入庁に送金され、債務名義の提出により払い戻される（194条3項後段）。

　担保権設定者は、民事訴訟法439条の手続（執行手続における訴訟による救済）に従って債権だけでなく担保権も争うことにより、強制執行に対し異議申立てをすることができる（36条）。さらに、債務不存在確認訴訟により、債務名義の有効性、すなわち、換価手続の開始に関する登録簿の謄本の有効性および債権の満期到来を争うことができる[60]。換価が特別担保権法の手続により実行される場合、担保権設定者は、民事訴訟法の一般規定により保護される。裁判所執行官は、登録簿の謄本に担保権設定者として記載された者に対し、目的物の引渡しを求めることができる。担保目的物を負担付きで取得したが、担保権設定者としての登録を拒否した者を相手とすることはできない。この者は、たとえ実体法上は、担保権設定者であっても、登録簿上は第三者である。さらに、対抗できる権利の存在を主張したり、担保権者の債権を争うことができる[61]。この場合、担保権者は、裁判手続により、担保目的物の引渡請求権を行使できる[62]。担保目的物が売買、紛失、滅失、収用などにより担保権設定者のもとにない場合は、担保権者は、売却代金、損害賠償金、保険金などの代替物ないし対価により弁済を受けることができる（10条1項1号・2号）。この場合、担保権者は、登録担保権者の特権である優先権を保持する。ただし、これらの金銭が区別できない態様で担保権設定者の一般財産に含まれ、これと分離することができない場合、担保権者は、同額の金銭から弁済を受けることができるだけである（10条1項3号）。この場合、金銭債権の強制執行に関する一般規定である民事訴訟法442条以下が適用される。担保権者は、第一順位の先取特権を有するので（16条3項）、保全債権者には劣後するが、倒産費用債権には優先する。

---

　60)　*Miteva/Ivanova*, Probleme der besonderen Pfandrechte, S. 63.
　61)　*Miteva/Ivanova*, Probleme der besonderen Pfandrechte, S. 65.
　62)　*Miteva/Ivanova*, Probleme der besonderen Pfandrechte, S. 65.

したがって、担保権者としての優先権は、民事訴訟法による強制執行によってのみ実行することのできる先取特権に転換される。担保目的物が担保権設定者の財産を離れ、その対価が財産に入らなかった場合は、担保権者は、設定者の一般財産から弁済を受けることができる。ただし、優先権を維持することは認められず、第一順位の先取特権を有するだけである。

担保権設定者のあらゆる債権者は、参加してきた担保権者の権利、特に債権の存在を民事訴訟法464条により争うことができる（42条）。担保目的物が存在しないことを理由として、代替物ないし対価に対し執行する場合、その執行は、もはや個別の物ではなく設定者の一般財産を対象とする。その結果、担保権設定者の他の債権者の利害が関わってくる。代替物または対価への強制執行に参加した債権者は、担保権者の債権を承認するが、他の事由を争うことができる。すなわち、対価や賠償金の存在を争い、担保権設定者の財産に代替物が流入しておらず、そのような代替物が存在しないと主張して、裁判所執行官に対し異議を申し立てることができる[63]。証明責任は、換価債権者が負う（35条3項）。換価債権者は、代替物が担保権設定者の財産に流入したことを証明しなければならない。換価債権者は、確認訴訟により、対価や賠償金、保険金の存在を確認しなければならない。これによって、自己の特別な（対価、賠償金、保険金に対する）優先権および（代替物に対する）先取特権が維持される[64]。対価または代替物がもはや担保権設定者の財産において区別できない場合、換価債権者は、設定者の財産にある同等物から弁済を受ける。対価は、圧倒的に金銭や種類物であり、口座や在庫に混和してしまうから、このようなことは頻繁に起きる。そこで、担保権設定者の財産への代替物の完全な転換が予想される。他の債権者は、このような転換またはその金額を不存在確認訴訟によって争うことができる。この場合、証明責任は、これらの債権者が負う。換価債権者は、もはや個々の物に対する担保権を有しておらず、転換後の担保権、すなわち、第一順位の先取特権を有するだけである。他の債権者の訴訟に差止めの効力を

---

63) *Miteva/Ivanova,* Probleme der besonderen Pfandrechte, S. 71.

64) *Miteva/Ivanova,* Probleme der besonderen Pfandrechte, S. 70.

認める規定は存在しないが、これを認めることによってのみ、訴訟の実効性を確保できるのであるから、差止めの効力があると推測される[65]。

　非占有担保権の裁判所外の換価は、担保権設定者の財産について倒産手続が開始された場合も行うことができる。その要件は、担保権者が倒産手続の開始前または開始直後に、換価の開始を登録簿に登録したことである（43条1項）。これにより、倒産手続の開始は、換価の中止をもたらさない。インハウスロイヤーは、担保目的物を担保権者に引き渡さなければならない（同条2項）。担保権者は、換価をしないで、倒産手続において債権者として届け出るか否かを決めることができる。この意味において、担保権者には選択権が与えられている[66]。担保目的物が倒産手続において換価された場合、インハウスロイヤーは、担保目的物の売却益から担保権者の債権を弁済する。担保権者の債権は、特別担保権法16条1項により準用された倒産法上の規定（商法典722条1項1号）により、第一順位とされる。残額がある場合は、破産財団に返還する[67]。担保権者が特別担保権法上の手続による換価を行わず、かつ倒産手続において債権を届け出なかった場合は、その債権が弁済されずに残る。インハウスロイヤーがその債権および担保権を知っていたことは、無関係である。担保権の存在を知るインハウスロイヤーは、担保権者が換価の開始を登録簿に登録した場合に限り、担保権者に担保目的物を引き渡す義務を負う[68]。換価の開始がすでに登録されているが、担保目的物の全部または一部が破産財団にない場合、インハウスロイヤーは、引渡義務を履行できない。担保権者は、破産財団にある担保目的物の対価から弁済を受けるしかない。インハウスロイヤーは、債権が届けられなかった場合も、倒産手続において債務弁済の義務を負う。ただし、債権は、個々の物の負担において設定されていた特別の優先権を有しない。担保権者は、第一順位の先取特権を有するだけである。担保権者が特別担保権法によ

---

65) *Miteva/Ivanova*, Probleme der besonderen Pfandrechte, S. 72.
66) *Miteva/Ivanova*, Probleme der besonderen Pfandrechte, S. 88.
67) *Madanska*, Insolvenzverfahren, S. 220.
68) *Miteva/Ivanova*, Probleme der besonderen Pfandrechte, S. 88.

る換価を決めた場合も、倒産手続において債権を届け出ておくことが望ましい。売却代金が弁済額に足りなかった場合、残額は、倒産手続において弁済される可能性がある。

## VI. まとめ

　非占有登録担保権の導入によって、ブルガリア法は、動産担保権の最新かつ効率的なシステムを得た。ほとんどすべての譲渡可能な財産は、融資の担保として使うことができる。すべての担保権は、登録簿において閲覧可能であり、誰でも、必要な情報を入手することができる。このようにして得られた公証力は、法的安定性および担保権の存続を保証する。法規定は、明確な調整ルールおよび簡易な実行可能性を提供する。非占有担保権の実行については、独自の裁判所外手続が創設された。一定の状況下では、倒産手続外での換価も認められる。換価の方法は、私的自治に任されている。ブルガリアの非占有担保権のこれらの長所は、すでに長らくの間、グローバル化の要請がある動産担保権の統一的規律を研究してきた EU 法にとって、参考となるであろう。

―――― 文 献 一 覧 ――――

*Andova, Katarina,* Das Mobiliarpfandrecht in Österreich, Ungarn, Tschechien und der Slowakei, Wien 2004.

*Beczyk, Miroslaw,* Dingliche Sicherheiten in Polen in systematischer Darstellung, in: *Drobnig/Roth/Trunk,* Mobiliarsicherheiten in Osteuropa, ROW-Schriftenreihe, Band 28, Berlin 2002, S. 101-117.

*Belaselkov, Borislav/Kalajdjiev, Angel,* Über das Unternehmenspfandrecht, Handelsrecht 2000, Heft 5, S. 36, 39.

*Bodzasi, Balazs,* Neuregelung der dinglichen Kreditsicherheiten im ungarischen Zivilgesetzbuch – Teil I, WiRO 2008, S. 262-266.

*Brinkmann, Moritz,* Kreditsicherheiten an beweglichen Sachen und Forderungen, Tübingen 2011.

*Dagefőrde, Carsten,* Das besitzlose Mobiliarpfandrecht nach dem Modelgesetz für Sicherungsgeschäfte der Europäischen Bank für Wiederaufbau und Entwicklung (EBRD Model Law on Secured Transaction), ZEuP 1998, S. 686, 692.

*Drewicz-Tulodziecka, Agnieszka,* Immobilien, Grundeigentum und Sicherheiten in Polen, Berlin 2009.

*Drobnig, Ulrich,* Mobiliarsicherheiten – Vielfalt oder Einheit? Vergleichender Generalbericht in: *Kreuzer* (Hrsg.), Mobiliarsicherheiten – Vielfalt oder Einheit, Arbeiten zur Rechtsvergleichung, Band 190, Baden-Baden 1999, S. 9–41.

*Ebner, Wolfgang,* Grundeigentum und Sicherheiten in Tschechien, Berlin 2010.

*Ernst, Ulrich,* Mobiliarsicherheiten in Deutschland und Polen, Tübingen 2005.

*Giese, Ernst/Fritzsch, Falk,* Das neue Pfandregister und die neuen Verwertungsmöglichkeiten für Pfandgegenstände in Tschechien, WiRO 2002, S. 270–272.

*Grude, Ulrich,* Revolvierende Globalsicherheiten in Europa, Hamburg 2009.

*Illa, Balazs,* Grundeigentum und Sicherheiten in Ungarn, Berlin 2010.

*Harmathy, Attila,* Das Recht der Mobiliarsicherheiten – Kontinuität und Entwicklung in Ungarn, in: *Kreuzer* (Hrsg.), Mobiliarsicherheiten – Vielfalt und Einheit, Arbeiten zur Rechtsvergleichung, Band 190, Baden-Baden 1999, S. 43–74.

*Holler, Krüger,* Vertragsgestaltung gegenüber tschechischen Geschäftspartnern – Rechtswahl, Kreditsicherheiten und Gerichtsstand im deutsch-tschechischen Geschäftsverkehr, WiRO 2007, S. 353–358.

*Kaspars, Balodis,* Dingliche Mobiliarsicherheiten in Lettland, in: *Drobnig/Roth/Trunk,* Mobiliarsicherheiten in Osteuropa, ROW-Schriftenreihe, Band 28, Berlin 2002, S. 69–78.

*ders.,* Sicherungsübereignung im deutsch-lettischen Rechtsvergleich, 2001.

*Kalaidjiev, Angel,* Schuldrecht, Allgemeiner Teil, 4. bearb. und erg. Auflage, Sofia 2005.

*Kama, Priit,* Dingliche Mobiliarsicherheiten in Estland, in: *Drobnig/Roth/Trunk,* Mobiliarsicherheiten in Osteuropa, ROW-Schriftenreihe, Band 28, Berlin 2002, S. 55–60.

*Kojuharov, Alexander,* Schuldrecht, Allgemeine Lehre über das Schuldverhältnis, 1. Auflage unter neuer Redaktion und mit Ergänzungen, Sofia 2002.

*Liepa, Lauris,* Procedural Regulation of Chattel Security in Latvia, in: *Drobnig/Roth/Trunk,* Mobiliarsicherheiten in Osteuropa, ROW-Schriftenreihe, Band 28, Berlin 2002, S. 79–85.

*Link, Christian,* Kreditsicherungsrecht in Polen, Frankfurt am Main 2012.

*Madanska, Neli,* Insolvenzverfahren, Sofia 2005.

*Materialien des Justizministeriums* zum Entwurf des Gesetzes über die besonderen Pfandrechte vom 12. August 1996.

*Miteva, Diana/Ivanova, Vera,* Probleme der besonderen Pfandrechte, Sofia 2008.

*Petrauskaite, Diana,* Secured Transactions in Lithuania, in: *Drobnig/Roth/Trunk,* Mobiliarsicherheiten in Osteuropa, ROW-Schriftenreihe, Band 28, Berlin 2002, S. 87-93.

*Post, Beata Kristina,* Die Sicherungsübereignung im polnischen Recht unter Berücksichtigung des Gesetzes über das Registerpfandrecht und das Pfandregister, Bonn 1999.

*Rijavec, Vesna/Domej, Tanja,* Slowenien: Sachenrechtsgesetzbuch, WiRO 2003, S. 148-152.

*Röver, Jan-Hendrik,* Vergleichende Prinzipien dinglicher Sicherheiten. Eine Studie zur Methode der Rechtsvergleichung, München 1994.

ders., Das EBWE-Modelgesetz für Sicherungsrechte in: *Kreuzer* (Hrsg.), Mobiliarsicherheiten – Vielfalt oder Einheit?, Arbeiten zur Rechtsvergleichung, Band 190, Baden-Baden 1999, S. 115-143.

*Sacalschi, Adrian-Stefan,* Grundeigentum und Sicherheiten in Rumänien, Berlin 2011.

*Schauer, Martin,* Grundeigentum und Sicherheiten in Lettland, Wien, Graz, Berlin 2003.

*Stessl, Michaela,* Real Property Rights in the Slovak Republic, Berlin 2008.

*Teves, Julian,* Die Mobiliarsicherheiten im deutschen und rumänischen Recht unter Einbeziehung des französischen und US-amerikanischen Mobiliarsicherungsrechts, Münster 2004.

ders., Die Neuregelungen der Mobiliarsicherheiten im rumänischen Recht, WiRO 1999, S. 441-448.

ders., Das rumänische Kreditsicherheitensystem und dessen Rolle für das deutsche Exportgeschäft, JoR, 2. Halbband 1999, S. 283-326.

*Tichy, Lubos,* Mobiliarsicherheiten im tschechischen Recht, in: *Drobnig/Roth/Trunk,* Mobiliarsicherheiten in Osteuropa, ROW-Schriftenreihe, Band 28, Berlin 2002, S. 203-224.

*von Wilmowsky, Peter,* Europäisches Kreditsicherungsrecht, Tübingen 1996.

*Zoll, Fryderyk,* Verfahrensrechtliche Aspekte dinglicher Kreditsicherheiten im polnischen Recht, in: *Drobnig/Roth/Trunk,* Mobiliarsicherheiten in Osteuropa, ROW-Schriftenreihe, Band 28, Berlin 2002, S. 119-168.

*Zoulik, Frantisek,* Verfahrensrecht der dinglichen Mobiliarsicherheiten in der Tschechischen Republik, in: *Drobnig/Roth/Trunk,* Mobiliarsicherheiten in Osteuropa, ROW-Schriftenreihe, Band 28, Berlin 2002, S. 225-228.

# 日本における東欧法研究

渋 谷 謙次郎[*]

 I. はじめに
 II. 出発点としてのソヴィエト法研究
 III. ヤルタ体制下の東欧法の研究：ハンガリー憲法史の例
 IV. 体制転換とEU加盟：ポーランド法の場合
 V. 比較法的および法文化論的視点からの研究
 VI. 法制史としての研究
 VII. おわりに

---

[*] 〔訳注〕本稿は、もともと渋谷謙次郎が日本語で書き下ろした原稿について、奥田安弘（本書の訳者）およびマーク・デルナウアー（中央大学准教授）がこれをドイツ語に翻訳し、原著に収録したものである。本訳書では、日本語原稿を最大限尊重しつつも、原著との不一致を避けるため、むしろ原著に掲載されたドイツ語原稿を忠実に翻訳するよう努めた。

## I. はじめに

　わが国において、外国法研究は、常に盛んであったが、東欧法研究は、決して目立つ存在ではなかった。日本の開国後[1]、近代化の過程においては、とりわけフランス法およびドイツ法が日本法の近代化のモデルとされた。そのため、当時は、これらの国々の法令および学説の研究に対する関心が特に大きかった。第二次世界大戦後は、米国法の影響が強まり、連合国最高司令官総司令部(GHQ)の草案をもとに憲法が制定されただけでなく、通常裁判所による違憲審査権が導入されたり、米国反トラスト法をモデルとした独占禁止法が新たに制定された。

　日本の法学研究者は、伝統的に、自国の法制度に関する論文や教科書を執筆する際には、欧米の法令・学説・法理論・判例を比較法的に参照し、その影響を受けてきた。大学の法学部では、しばしば各法分野の現行日本法の講義において、これらの国の学説や判例が紹介されたり、ローマ法あるいは西洋法制史の講座も開設された。

　日本における外国法研究や比較法研究が非西欧圏に目を向けるようになったきっかけの一つは、古くさかのぼれば1917年のロシア革命であった。それ以降、日本の社会科学では、マルクス主義や社会主義思想の影響が強くなった。この傾向は、実に1970年代まで続いた。そのような潮流の中で、徐々にソ連および東欧諸国の法制度に対する研究が開拓されていった。

　以下では、第二次世界大戦前後のソヴィエト法および社会主義法研究から出発した日本の東欧法研究の特徴とともに、研究手法の違いや時代に伴う変化を紹介したい。研究者の人数や規模で言えば、日本では、狭義の東欧法研究者よ

---

[1] 日本は、1630年頃から200年以上にわたり外国への門戸を閉ざしていた（鎖国）。この時代には、原則として、中国およびオランダの商人のみが入国を許されていた。当時のオランダ商人については、*M. Kajima*, Geschichte der japanischen Außenbeziehungen, Bd. 1, Wiesbaden 1976, S. 114 ff.

りも、旧ソヴィエト法やロシア法の研究者のほうが多く、これらの法の学説史については、別途、議論が必要である。以下では、あくまで狭義の東欧法研究との関連において、手短にソヴィエト法研究に言及するに留める。

なお、ここでいう「東欧」とは、第二次世界大戦後にソ連の影響下に置かれた旧社会主義諸国を指すのであれば、むしろ「中東欧（地理的には南欧を含む）」というべきであるのかもしれない。しかし、ルーマニアやブルガリアは、少なくとも法制度の研究に関しては、わが国では手薄であった。日本の東欧法研究は、あらゆる東欧諸国を網羅していたわけではなく、偏りがある。また以下では、わが国における東欧法研究の成果をすべて紹介することはできないが、その代わりに、研究のスタイルやオリジナリティの面からみて代表的なものを取り上げたい。

## II．出発点としてのソヴィエト法研究

1930年代には、わが国に西欧の最新の法理論を紹介する者とは別に、ソヴィエト法研究あるいは社会主義法研究の成果を紹介する者が現れた。ただし、第二次世界大戦前の日本では、マルクス主義や社会主義は、天皇制護持の観点から危険思想とみなされたため、それらの理論や思想を紹介した書物や論文は、しばしば検閲の対象となった。たとえば、1930年に出版された山之内一郎の翻訳書であるソヴィエトの法学者パシュカーニス（E.V. Pashukanis）の『法の一般理論とマルキシズム』では、所々、活字が伏せられていた[2]。

本格的なソヴィエト法研究や社会主義法研究が開始されるのは、第二次世界大戦直後である。たとえば、ヴィシンスキー（Andrei Ianuarevich Vyshinskii）の法理論は、よく日本の法学者によって紹介されている[3]。日本は敗戦により主

---

2) パシュカーニス（山之内一郎訳）『法の一般理論とマルキシズム』（改造社、1930年）。原著は、*E.V. Pashukanis, Obschaia teoriia prava i marksizm*, Moskau 1927 であり、ドイツ語訳としては、*E. Paschukanis, Allgemeine Rechtslehre und Marxismus*, Berlin 1929 がある。

権を失い、連合国軍の占領下に置かれた。そうした環境下で研究活動を再開した知識人や研究者は、言論の自由や学問の自由を謳歌し始めると同時に、東西冷戦の始まりによって共産主義を敵視し始めた日本の支配層や米国の占領当局に批判のまなざしを向けるようになった。そして、法とは階級支配を強固にするための手段であるとするヴィシンスキーの法実証主義に対し、少なからぬ論者が一定のリアリティを感じたのである。

1956年のスターリン批判後、わが国の代表的なソヴィエト法研究者である藤田勇は、1920年代および30年代の「ソヴィエト法論争」の解明を通じて、ヴィシンスキーと異なり商品交換が近代法の特質であるとするパシュカーニスの再評価を行った[4]。

以上により、一般的な傾向として、第二次世界大戦後に数を増やしてきた日本のソヴィエト法・社会主義法研究者には、ソ連の政治状況に規定されたマルクス主義に傾倒する者が多かったと言える。そうした流れの中で、ソ連および第二次世界大戦後にソ連の影響下に入った東欧諸国の法制度や実定法の研究が行われていった。

とはいえ、わが国のソ連・東欧法研究者が一様にマルクス主義者として彼の地の法制度を研究していたわけではない。また、社会主義に対するシンパシーも、研究者によって、その有無や程度に違いがあった。マルクス主義や社会主義に一定のシンパシーを感じている場合であっても、多くの社会主義法研究者にとっては、1953年のスターリン死去、1956年のフルシチョフのスターリン批判に端を発するハンガリー動乱、1968年のプラハの春、さらにポーランドの自主労組「連帯」の動きなど、第二次世界大戦後の様々な出来事が強いイン

---

3) たとえば、パシュカーニスの著書を翻訳した山之内一郎は、ヴィシンスキーの法理論の研究者としても知られている。山之内一郎「ヴィシンスキーによるソビエト法理論の確立」社会科学研究2巻3号1頁〜31頁（1950年）、同4号1頁〜28頁（1951年）。

4) 藤田勇『ソビエト法理論史研究 1917-1938：ロシア革命とマルクス主義法学方法論』（岩波書店、1968年）。

パクトを与えた。そこでは、社会主義体制の動揺やソ連の介入に対する懐疑的な視点がむしろ東欧法研究のきっかけとなっている。以下では、そのいくつかの実例を紹介してみよう。

## Ⅲ．ヤルタ体制下の東欧法の研究：ハンガリー憲法史の例

　ソヴィエト法研究者であるとともにハンガリー法の研究者でもあった早川弘道が第二次世界大戦後のハンガリー憲法史を研究するにあたりインパクトを与えた事件は、1956 年のハンガリー動乱、いわゆる十月革命であった[5]。早川によれば、第二次世界大戦後のハンガリーは、「新しいマジャル民主主義」と呼ばれた 1946 年の臨時憲法レジームによって再出発しつつも、1949 年には、ソ連の外圧により、1936 年のソ連憲法をモデルとしたプロレタリア独裁型の憲法体制に移行した。しかし、この憲法体制は、1953 年のスターリンの死去とともに早くも弱体化し、非スターリン化の波は、1956 年の民衆蜂起によりクライマックスを迎えた。その後のカーダール政権は、1949 年の憲法体制を維持しつつも、社会主義的市場経済さえ導入しようと試みたことで知られる。1972 年には、憲法改正も行われたが、ソヴィエト型政治体制からの転換を意味するものではなかった。このようにハンガリーでは、一方において社会主義国としては先進的な経済改革があり、他方において市民社会が厳しく規制され、その矛盾が蓄積されていった。そうした中での 1983 年の憲法改正は、選挙制度における複数主義の導入、ある種の合憲性監督機能を有する憲法評議会の設置など、後のソ連の「ペレストロイカ」を先取りしていた。1989 年の「市民革命」は、突如として地すべり的に起きたのではなく、以上のように長年にわたる国家と社会との緊張の帰結であった。

---

　5)　早川弘道『東欧革命の肖像』（法律文化社、1993 年）のうち、特に第 1 章「1956 年十月革命と憲法問題―戦後ハンガリー憲法史の再審」、第 2 章「憲法評議会法と政治改革の道程―社会主義憲法裁判体制への序章」、第 4 章「ハンガリー市民革命と法― 1989 年憲法改正と法改革の動向」参照。

このように戦後のハンガリー憲法史を振り返る早川の議論からは、ヤルタ体制下のハンガリーの苦悩をうかがい知ることができる。第二次世界大戦後のハンガリー法研究は、社会主義法のモデルとされていたソヴィエト法研究とは異なった知的関心を呼び起こすものであった。

## IV. 体制転換と EU 加盟：ポーランド法の場合

その後、わが国の東欧法研究を一段と触発したのは、1980 年に出現したポーランドの独立労組「連帯」の活動であった。小森田秋夫は、連帯の出現以降、ソヴィエト法研究に加えて、ポーランド法研究を精力的に行い、現在に至っている。

たとえば、2008 年に出版したポーランド法研究の著書において[6]、小森田は、前半で 1982 年の新労働組合法、1987 年のオンブズマン法、1988 年の経済活動法などの制定過程の研究を通じて、すでに 1989 年憲法以前のポーランドにおいて体制転換およびこれに伴う脱社会主義の胎動があったことを克明に検証する。そして後半は、1990 年代の脱社会主義過程、とりわけ財産の私有化および社会保障システムの転換に向けられる。小森田の研究は、さらにポーランド法の EU 化にも向けられる。小森田によれば、同時並行的に体制転換および欧州への回帰に直面した東欧諸国にとっては、国民国家の憲法体制そのものをどのように確立するのか、および欧州憲法秩序にいかに適合するのかという二つの問題が出てきたという[7]。前者の問題は、かつてのソ連への従属を断ち切り、実質的主権を回復し、違憲審査制などを通じて憲法の最高法規性を確立することを意味したが、後者の問題は、主権の一部委譲を含む。小森田によれば、そこで生じるポーランド法と欧州法の対立という構図は、家族や道徳の問題をめ

---

6) 小森田秋夫『体制転換と法：ポーランドの道の検証』（有信堂、2008 年）。
7) 小森田秋夫「ポーランド憲法―ヨーロッパ憲法秩序の中の対話と緊張」中村民雄＝山元一編『ヨーロッパ「憲法」の形成と各国憲法の変化』（信山社、2012 年）150 頁。

ぐるポーランド国内での対立でもあるという。すなわち、一方はポーランドの欧州化を肯定し、他方はこれを警戒する[8]。

　前述のヤルタ体制下での東欧法研究は、ソ連という存在が前景にあり、なおかつ社会主義をめぐる改革路線が後景にあったが、そうした図式は、東欧諸国における体制転換の進展により消失し、その後の東欧法研究は、EU 加盟のメリットと個々の国家の主権や伝統との関係という問題に推移していった。

　なお、このような緊張関係から生じる問題は、たとえば鈴木輝二のポーランド法研究でも取り上げられているが、日本の東欧研究において、比較法的および法文化論的視点に特色があるので、次節で紹介する。また、EU 加盟に伴うチェコの司法改革についても、日本の若手研究者による精力的な研究がある[9]。

## V．比較法的および法文化論的視点からの研究

　以下では、とりわけ比較法および法文化論の視点から社会主義法や東欧各国の法を研究した二人の法学者を紹介する。一人は大木雅夫であり[10]、彼は、特にソヴィエト権力下で制定された東欧諸国の民法典における「ブルジョア法」の継受および受容について研究する。大木は、大陸法と英米法との比較と同様に、資本主義法と社会主義法との比較も両者の優劣関係というイデオロギー的判断抜きに可能であるとし、たとえば所有権や損害賠償の法理の機能的等価性を認める[11]。そして大木は、次のように指摘する[12]。

---

8)　同上 173 頁。
9)　大場佐和子「EU・Conditionality《加盟条件》がチェコの司法制度へ与えた影響」神戸法学雑誌 62 巻 1=2 号 265 頁〜336 頁（2012 年）。
10)　大木は、*K. Zweigert/H. Kötz,* Einführung in die Rechtsvergleichung auf dem Gebiet des Privatrechts, Bd. 1 Grundlagen, Tübingen 1971 の訳者としても知られている。ツヴァイゲルト＝ケッツ（大木雅夫訳）『比較法概論』上下（東京大学出版会、1974 年）。
11)　大木雅夫『資本主義法と社会主義法』（有斐閣、1992 年）302 頁以下。

……世界には一個のブルジョア法や単一の社会主義法が存在するわけではなく、そこには、それぞれの内部において極めて多種のブルジョア法があり、多様な社会主義法が存在しているのである。例えばルーマニヤは 1864 年の民法典（Codul civil）を維持し、ハンガリーは 1960 年の民法典においても固有の相続法を保持した。東欧諸国のなかで旧法を全面的に廃棄したのはユーゴスラヴィアのみであるが、ここにおいても裁判官は、「民族解放闘争の戦果、各種の反ファシスト評議会および民族解放委員会の宣言や決定に反しない」旧規定の適用が許されていた。こうして一個のブルジョア法や一種の社会主義法が存在しない以上は、まず国別または事項別の比較から開始されるべきことは、わが国の現段階においてもっとも望ましいことのように思われる。

　法文化論の視点からは、第二次世界大戦後の東欧諸国において、ソヴィエト法が社会主義法のモデルとして完全に継受されたのではなく、多かれ少なかれ各国固有のブルジョア法も残っていたことは、とりわけ注目に値する。このように大木は、ソ連のみならず東欧諸国についても、一方で法の継受があり、他方で旧法の存続があるとして、比較法研究の重要性を訴えた。
　もう一人は鈴木輝二であり、彼は、特に東欧諸国における法の継受を法文化論的な視点から研究する。鈴木は、ちょうど中東欧諸国 8 か国が EU に加盟した 2004 年に出版した著書において、オーストリア＝ハンガリー帝国の法ならびにクラクフ大学、プラハ大学、ヴィリニウス大学、タルト大学などの伝統ある大学におけるローマ法教育の歴史が中東欧諸国の法に及ぼした影響を重視する[13]。さらに鈴木は、中東欧諸国において、いかにして西欧法が継受されたのか、また社会主義時代の国有化制度を経て、いかにして私有制度が復活し、資本主義法へ接近し、EU 加盟に向かったのかという歴史を検証する。鈴木は、

---

12)　同上 319 頁。
13)　鈴木輝二『EU への道：中東欧における近代法の形成』（尚学社、2004 年）54 頁以下、128 頁以下。

中東欧における私有化について、次のように指摘する[14]。

　伝統的に法文化として私有制を継承し、第 2 次世界大戦後の国有化過程においても部分的かあるいは消極的にか、それを継承していた中東欧諸国においては私有制の再生となるが、そのような法文化を持っていなかったロシアなどの非近代法文化圏では民有化過程は私有制法文化の創設に近い法形成過程となる。
　社会主義体制の崩壊後のロシアにおいては歴史上、旧法体制に回帰するとしても近代的市民法秩序をほとんど持った経験がないので、20 世紀初頭に始まった近代化過程を 80 年間の空白の後に再開するという、歴史に逆流するような課題を負うことになる[15]。
　他方、中東欧諸国においては、特に学識としてのローマ法を 14 世紀に継受しているチェコ・ポーランド・ハンガリーなどでは西欧におけるローマ法、中世法、教会法の継受を通じてのヨーロッパ法的文化を直接、間接に共通の法文化とする文化圏に回帰することとなる。近代法も 18 世紀以降の外国統治時代以降においても、そして戦間期の短い独立時代に経験済みであった。中東欧では第 2 次世界大戦後、ソ連型社会主義法を社会主義国法の先進モデルとして導入して約 40 年余りの歴史をもったが、ロシアにおけるようには社会主義体制は定着しなかった。その理由として、このようなそれぞれの法文化がソ連型社会主義体制の継受に抵抗する社会要因となっていたからであった。

---

[14]　同上 213 頁以下。
[15]　鈴木のこのような指摘は、きわめて興味深い。現に、1906 年から 1911 年まで宰相を務めたストルイピン（Pjotr Arkadjewitsch Stolypin）は、共同体農民の支配的なロシアにおいて、自営農民（土地私有農民）を創出しようとしたが、やがて 1917 年のロシア革命を迎え、ソヴィエト権力は、むしろ（地主貴族抜きではあるが）農地の共同体所有に先祖返りした。後にそれがコルホーズという形で再編されていくことは、歴史の知るところである。

鈴木の研究は、かつての社会主義法研究という観点ではなく、ローマ法の継受や西欧法文化の受入の有無および範囲という観点によっていた。その際に、西欧法と非西欧法の境界、近代法と非近代法の境界は、中東欧とロシア（旧ソ連）との間に位置すると考えているようである。

　また鈴木は、「法文化としての視点からは所有権概念の検討から始めなければならない」と主張する[16]。考えてみれば、マルクスも、所有関係を単純に法的上部構造に位置付けるというよりも、土台に近接しているものとして位置付け、所有関係を生産関係の法的表現とみなしていた[17]。川島武宜も、マルクスの影響を受けて、所有形態が法のあり方に根本的影響を及ぼすことを論じていた[18]。ある法文化が栄える社会構造を問題にする限りでは、マルクス主義的見地と法文化論的視点とは、意外に距離が近いのかもしれない。

## VI. 法制史としての研究

　以上のような東欧諸国の現状により、わが国における研究は、とりわけ比較法的および法文化論的視点に基づく体制転換の問題に重点が移っているが、ユーゴスラヴィアを含む中東欧諸国における法の継受など、法制史的研究も多数ある。

　まず特筆すべきであるのは塙浩であり、彼は、この分野に関する欧州の研究者の論文を多数邦訳し[19]、高い評価を得ている。たとえば、A・V・ソロヴィエフ「ギリシャ正教諸地方におけるビザンツ法の影響」[20]、T・ヨナシェク＝V・ジョルジェスク「西欧におけるローマ法の継受の形態と東欧におけるビザンツ

---

16) 鈴木・前掲注13) 214頁。
17) *K. Marx,* Zur Kritik der politischen Ökonomie, Vorwort, MEGA, II-12, S. 100.
18) 川島武宜『所有権法の理論』（岩波書店、1949年）。
19) これらの邦訳は、後に『塙浩著作集9：西洋諸国法史（上）』（信山社、1992年）に所収された。
20) A.V. Soloviev, L'influence du droit byzantin dans les pays orthodoxes.

法の継受の形態との同一性と差異」[21]、V・ヴァニチェク＝K・アダモヴァー「1945 年までのチェコスロヴァキアにおける国家および法の歴史の概要—チェコスロヴァキア法史講義」[22]、A・G・クロロス「ユーゴスラヴィア法の歴史的背景—ユーゴスラヴィア法史略」[23] などである。その他にも、塙は、ポーランド、ハンガリー、ルーマニアにおけるローマ法の継受に関する論文を翻訳した。これにより、塙は、東欧諸国におけるビザンツ法およびローマ法の継受に関する諸外国の研究成果を日本の学界に多数紹介し、これらの諸国における共通の法文化的背景に関する重要な情報を提供した。

次に挙げるべきは伊藤知義であり[24]、彼は、1844 年のセルビア民法典におけるオーストリア一般民法典およびフランス民法典の継受に関する論文を公表した[25]。伊藤によれば、親族法および相続法の規定について、起草者のハジッチ (Jovan Hadžić) は、自由・平等、自然法の理念を導入しようと試みたが、伝統的、家父長的なセルビア慣習法を取り入れざるを得なかったという。最後に、上田理恵子は、19 世紀および 20 世紀初頭におけるハンガリーの陪審制度に関する研究を数点公表している[26]。

---

21) T. Ionascu/V.Al. Georgescu, Unité et diversité des formes de la réception du droit romain en Occident et du droit byzantine en Orient.
22) V. Vaněček/K. Adamová (trans. by J. Schulmann), Outline of the History of the State and Law in Czechoslovakia until 1945.
23) A.G. Chloros, Yugoslav Civil Law: History, Family, Property; Commentary and Texts, Part one: the History.
24) 以下に掲げるもの以外にも、重要な著作として、伊藤知義『ユーゴ自主管理取引法の研究』(北海道大学図書刊行会、1990 年) がある。
25) 伊藤知義「セルビアにおける民法典継受とその婚姻法の非『近代』的要素」社会体制と法 5 号 28 頁~ 43 頁 (2004 年)。同「セルビア民法典 (1844 年) の比較法的位置付け」比較法研究 59 号 170 頁~ 176 頁 (1998 年) も参照。
26) 上田理恵子「アウグスライヒ体制下のハンガリー陪審法制」スラヴ研究 47 号 281 頁~ 300 頁 (2000 年)、同「ハンガリー 1848 年出版法における陪審制— 1848 年省令と 1867 年省令の比較検討を中心に」熊本大学教育学部紀要 50 号人文科学 1 頁~ 13 頁 (2001 年)、同「20 世紀初頭ブダペシュト周辺における陪審制運用状況—ブダペシュト国王高等裁判所文書史料を中心に」熊本大学教育学部紀要 59 号人文科学

## Ⅶ. お わ り に

　わが国における東欧法研究は、歴史的にさかのぼれば、第二次世界大戦後のヤルタ体制下において東欧諸国が社会主義圏に組み込まれたことを出発点とするが、多くの中東欧諸国において改革路線が旧ソ連よりも早く始まったことから、ソヴィエト法研究とは異なった特色を持つようになった。すなわち、これらの諸国における改革は、異なる研究テーマへの関心を呼び起こし、体制転換と法の関係やEU加盟に伴う法の変化に関する研究が中心となっていった。東欧法は、今や、かつてのような社会主義法としてではなく、むしろ欧州法あるいはEU法の文脈で論じられる。私見によれば、欧州法の歴史的源流を探り、法文化論的視点からその法体系の特色を明らかにするために、特に若手の研究者は、東欧法研究に関して、大戦間期やさらに19世紀の法制史研究を深めるべきであろう。

---

　133頁～140頁（2010年）。

## 訳者紹介

**奥田安弘**（おくだやすひろ）
中央大学法科大学院教授、北海道大学名誉教授
国際私法学会理事、アジア国際法学会日本協会理事、比較法国際アカデミー会員

〈主要著書・訳書〉

『韓国国籍法の逐条解説』共著、明石書店、2014 年
*Glossary of Japanese Criminal Procedure : English, German, French and Spanish*, co-editorship, Carl Heymanns Verlag, 2013 ＝『日本の刑事裁判用語解説—英語・ドイツ語・フランス語・スペイン語』共編著、明石書店、2013 年
『外国人の法律相談チェックマニュアル〔第 5 版〕』明石書店、2013 年
『養子縁組あっせん—立法試案の解説と資料』共著、日本加除出版、2012 年
『国籍法・国際家族法の裁判意見書集』中央大学出版部、2010 年
『国際私法と隣接法分野の研究』中央大学出版部、2009 年
J・N・ノリエド『フィリピン家族法〔第 2 版〕』共訳、明石書店、2007 年
『国際私法・国籍法・家族法資料集—外国の立法と条約』編訳、中央大学出版部、2006 年
『国籍法と国際親子法』有斐閣、2004 年
『家族と国籍—国際化の進むなかで［補訂版］』有斐閣、2003 年
『グローバル化する戦後補償裁判』共編著、信山社、2002 年
『数字でみる子どもの国籍と在留資格』明石書店、2002 年
『共同研究 中国戦後補償—歴史・法・裁判』共著、明石書店、2000 年
『国際取引法の理論』有斐閣、1992 年

---

中東欧地域における私法の
根源と近年の変革

日本比較法研究所翻訳叢書（70）

2014 年 11 月 15 日 初版第 1 刷発行

訳　者　奥　田　安　弘
発行者　神　﨑　茂　治
発行所　中　央　大　学　出　版　部
〒192-0393
東京都八王子市東中野 742-1
電話 042（674）2351・FAX 042（674）2354
http://www.2.chuo-u.ac.jp/up/

© 2014　奥田安弘　　ISBN 978-4-8057-0371-7　　株式会社千秋社

## 日本比較法研究所翻訳叢書

| | | | |
|---|---|---|---|
| 0 | 杉山直治郎訳 | 仏蘭西法諺 | B6判 (品切) |
| 1 | F. H. ローソン 小堀憲助他訳 | イギリス法の合理性 | A5判 1200円 |
| 2 | B. N. カドーゾ 守屋善輝訳 | 法の成長 | B5判 (品切) |
| 3 | B. N. カドーゾ 守屋善輝訳 | 司法過程の性質 | B6判 (品切) |
| 4 | B. N. カドーゾ 守屋善輝訳 | 法律学上の矛盾対立 | B6判 700円 |
| 5 | P. ヴィノグラドフ 矢田一男他訳 | 中世ヨーロッパにおけるローマ法 | A5判 (品切) |
| 6 | R. E. メガリ 金子文六他訳 | イギリスの弁護士・裁判官 | A5判 1200円 |
| 7 | K. ラーレンツ 神田博司他訳 | 行為基礎と契約の履行 | A5判 (品切) |
| 8 | F. H. ローソン 小堀憲助他訳 | 英米法とヨーロッパ大陸法 | A5判 (品切) |
| 9 | I. ジュニングス 柳沢義男他訳 | イギリス地方行政法原理 | A5判 (品切) |
| 10 | 守屋善輝編 | 英米法諺 | B6判 3000円 |
| 11 | G. ボーリー他 新井正男訳 | 〔新版〕消費者保護 | A5判 2800円 |
| 12 | A. Z. ヤマニー 真田芳憲訳 | イスラーム法と現代の諸問題 | B6判 900円 |
| 13 | ワインスタイン 小島武司編訳 | 裁判所規則制定過程の改革 | A5判 1500円 |
| 14 | カペレッティ編 小島武司編訳 | 裁判・紛争処理の比較研究(上) | A5判 2200円 |
| 15 | カペレッティ 小島武司他訳 | 手続保障の比較法的研究 | A5判 1600円 |
| 16 | J. M. ホールデン 高窪利一監訳 | 英国流通証券法史論 | A5判 4500円 |
| 17 | ゴールドシュテイン 渥美東洋監訳 | 控えめな裁判所 | A5判 1200円 |

## 日本比較法研究所翻訳叢書

| | | | |
|---|---|---|---|
| 18 | カペレッティ編<br>小島 武司編訳 | 裁判・紛争処理の比較研究(下) | A5判<br>2600円 |
| 19 | ドゥローブニク 他編<br>真田 芳憲他訳 | 法社会学と比較法 | A5判<br>3000円 |
| 20 | カペレッティ編<br>小島・谷口編訳 | 正義へのアクセスと福祉国家 | A5判<br>4500円 |
| 21 | P. アーレンス編<br>小島 武司編訳 | 西独民事訴訟法の現在 | A5判<br>2900円 |
| 22 | D. ヘーンリッヒ編<br>桑田 三郎編訳 | 西ドイツ比較法学の諸問題 | A5判<br>4800円 |
| 23 | P. ギレス編<br>小島 武司編訳 | 西独訴訟制度の課題 | A5判<br>4200円 |
| 24 | M. アサド<br>真田 芳憲訳 | イスラームの国家と統治の原則 | A5判<br>1942円 |
| 25 | A. M. プラット<br>藤本・河合訳 | 児童救済運動 | A5判<br>2427円 |
| 26 | M. ローゼンバーグ<br>小島・大村編訳 | 民事司法の展望 | A5判<br>2233円 |
| 27 | B. グロスフェルト<br>山内 惟介訳 | 国際企業法の諸相 | A5判<br>4000円 |
| 28 | H. U. エーリヒゼン<br>中西又三編訳 | 西ドイツにおける自治団体 | A5判<br>(品切) |
| 29 | P. シュロッサー<br>小島 武司編訳 | 国際民事訴訟の法理 | A5判<br>(品切) |
| 30 | P. シュロッサー他<br>小島 武司編訳 | 各国仲裁の法とプラクティス | A5判<br>1500円 |
| 31 | P. シュロッサー<br>小島 武司編訳 | 国際仲裁の法理 | A5判<br>1400円 |
| 32 | 張 晋 藩<br>真田 芳憲監修 | 中国法制史(上) | A5判<br>(品切) |
| 33 | W. M. フライエンフェルス<br>田村 五郎編訳 | ドイツ現代家族法 | A5判<br>(品切) |
| 34 | K. F. クロイツァー<br>山内 惟介監訳 | 国際私法・比較法論集 | A5判<br>3500円 |
| 35 | 張 晋 藩<br>真田 芳憲監修 | 中国法制史(下) | A5判<br>3900円 |

## 日本比較法研究所翻訳叢書

| | | | |
|---|---|---|---|
| 36 | G. レジェ他<br>山野目章夫他訳 | フランス私法講演集 | A5判<br>1500円 |
| 37 | G. C. ハザード他<br>小島武司編訳 | 民事司法の国際動向 | A5判<br>1800円 |
| 38 | オトー・ザンドロック<br>丸山秀平編訳 | 国際契約法の諸問題 | A5判<br>1400円 |
| 39 | E. シャーマン<br>大村雅彦編訳 | ＡＤＲと民事訴訟 | A5判<br>1300円 |
| 40 | ルイ・ファボルー他<br>植野妙実子編訳 | フランス公法講演集 | A5判<br>3000円 |
| 41 | S. ウォーカー<br>藤本哲也監訳 | 民衆司法——アメリカ刑事司法の歴史 | A5判<br>4000円 |
| 42 | ウルリッヒ・フーバー他<br>吉田豊・勢子訳 | ドイツ不法行為法論文集 | A5判<br>7300円 |
| 43 | スティーヴン・L. ペパー<br>住吉博編訳 | 道徳を超えたところにある法律家の役割 | A5判<br>4000円 |
| 44 | W. マイケル・リースマン他<br>宮野洋一他訳 | 国家の非公然活動と国際法 | A5判<br>3600円 |
| 45 | ハインツ・D. アスマン<br>丸山秀平編訳 | ドイツ資本市場法の諸問題 | A5判<br>1900円 |
| 46 | デイヴィド・ルーバン<br>住吉博編訳 | 法律家倫理と良き判断力 | A5判<br>6000円 |
| 47 | D. H. ショイイング<br>石川敏行監訳 | ヨーロッパ法への道 | A5判<br>3000円 |
| 48 | ヴェルナー・F. エプケ<br>山内惟介編訳 | 経済統合・国際企業法・法の調整 | A5判<br>2700円 |
| 49 | トビアス・ヘルムス<br>野沢・遠藤訳 | 生物学的出自と親子法 | A5判<br>3700円 |
| 50 | ハインリッヒ・デルナー<br>野沢・山内編訳 | ドイツ民法・国際私法論集 | A5判<br>2300円 |
| 51 | フリッツ・シュルツ<br>眞田芳憲・森光訳 | ローマ法の原理 | A5判<br>(品切) |
| 52 | シュテファン・カーデルバッハ<br>山内惟介編訳 | 国際法・ヨーロッパ公法の現状と課題 | A5判<br>1900円 |
| 53 | ペーター・ギレス<br>小島武司編 | 民事司法システムの将来 | A5判<br>2600円 |

## 日本比較法研究所翻訳叢書

| | | | |
|---|---|---|---|
| 54 | インゴ・ゼンガー<br>古積・山内 編訳 | ドイツ・ヨーロッパ民事法の今日的諸問題 | A5判<br>2400円 |
| 55 | ディルク・エーラース<br>山内・石川・工藤 編訳 | ヨーロッパ・ドイツ行政法の諸問題 | A5判<br>2500円 |
| 56 | コルデュラ・シュトゥンプ<br>楢﨑・山内 編訳 | 変革期ドイツ私法の基盤的枠組み | A5判<br>3200円 |
| 57 | ルードフ・V・イェーリング<br>眞田・矢澤 訳 | 法学における冗談と真面目 | A5判<br>5400円 |
| 58 | ハロルド・J・バーマン<br>宮島直機 訳 | 法　と　革　命　Ⅱ | A5判<br>7500円 |
| 59 | ロバート・J・ケリー<br>藤本哲也 監訳 | アメリカ合衆国における組織犯罪百科事典 | A5判<br>7400円 |
| 60 | ハロルド・J・バーマン<br>宮島直機 訳 | 法　と　革　命　Ⅰ | A5判<br>8800円 |
| 61 | ハンス・D・ヤラス<br>松原光宏 編 | 現代ドイツ・ヨーロッパ基本権論 | A5判<br>2500円 |
| 62 | ヘルムート・ハインリッヒス他<br>森　勇 訳 | ユダヤ出自のドイツ法律家 | A5判<br>13000円 |
| 63 | ヴィンフリート・ハッセマー<br>堀内捷三 監訳 | 刑罰はなぜ必要か　最終弁論 | A5判<br>3400円 |
| 64 | ウィリアム・M・サリバン他<br>柏木　昇 他訳 | アメリカの法曹教育 | A5判<br>3600円 |
| 65 | インゴ・ゼンガー<br>山内・鈴木 編訳 | ドイツ・ヨーロッパ・国際経済法論集 | A5判<br>2400円 |
| 66 | マジード・ハッドゥーリー<br>眞田芳憲 訳 | イスラーム国際法　シャイバーニーのスィヤル | A5判<br>5900円 |
| 67 | ルドルフ・シュトラインツ<br>新井　誠 訳 | ドイツ法秩序の欧州化 | A5判<br>4400円 |
| 68 | ソーニャ・ロートエルメル<br>只木　誠 監訳 | 承諾, 拒否権, 共同決定 | A5判<br>4800円 |
| 69 | ペーター・ヘーベルレ<br>畑尻・土屋 編訳 | 多元主義における憲法裁判 | A5判<br>5200円 |

＊価格は本体価格です。別途消費税が必要です